AF452243

XIVme EXPOSITION

DE LA

SOCIÉTÉ DES AMIS DES ARTS

DE BORDEAUX

LA PEINTURE

PAR

GEORGES TALBOT

MARS-MAI 1865

BORDEAUX

IMPRIMERIE COMMERCIALE AUGUSTE BORD

25, rue des Treilles. 25

—

1866

A L'EXPOSITION

MARS-MAI 1865

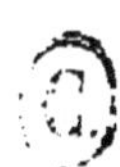

XIVME EXPOSITION

DE LA

SOCIÉTÉ DES AMIS DES ARTS

DE BORDEAUX

—ꝏ

LA PEINTURE

PAR

GEORGES TALBOT

MARS-MAI 1865

BORDEAUX

IMPRIMERIE COMMERCIALE AUGUSTE BORD

24, rue des Treilles, 24

—

1866

A LA MÉMOIRE

de

T.-B.-G. SCOTT

Étranger,

il fonda a Bordeaux

la Société des Amis des Arts

qu'il présida avec distinction

pendant X années

et mérita la reconnaissance des Artistes

et de la Cité.

LIMINAIRE

—

La Société des Amis des Arts a ouvert jeudi sa quatorzième Exposition. Il faisait froid ; le ciel était triste et sans soleil ; une bise d'hiver soufflait par rafales ; cependant tout un monde de femmes élégantes et d'amateurs intelligents s'était rendu à l'artistique appel adressé par la Société à ses actionnaires.

On se perd toujours à une première visite dans une Exposition qui compte cinq cent quarante-six numéros. On y juge d'autant plus mal que la foule y est plus pressée, plus curieuse et plus babillarde.

Je ne saurais donc avoir la prétention de formuler, dès à présent, une appréciation raisonnée, même sur l'ensemble des œuvres exposées. J'ai bien remarqué déjà

quelques toiles saisissantes : l'*Œdipe* de
Moreau, la *Jeune fille* d'Antigna, l'*Orphée* de Corot, la *Quête aux loups* de
Brion, la *Marine* de Gudin, un Daubigny, la *Colombe* de Chaplin, un Monginot de couleur superbe, un beau paysage de Busson, la *Tondeuse* supra-réaliste de Millet, la *Vénus* d'Amaury-Duval, le poétique *Sulitjelma* de Georges
Saal, le *Solférino* d'Eugène Bellangé ;
deux ou trois Chabry trop inégaux ;
un Bavoux tout à fait enragé, deux Appian qui poussent de plus en plus loin
les qualités et les défauts de l'artiste ; les
Fauconniers de Fromentin ; le *Singe
musicien* de Philippe Rousseau, bonne,
crâne et spirituelle peinture ; des portraits, depuis Ricard jusqu'à Papin ; d'adorables grisailles de Froment, des bronzes de notre grand Barye, quelques beaux
dessins d'Ingres, quelques gravures éminentes de Jacquemart et de Flameng ;
j'ai vu cent autres tableaux encore, des

— 3 —

Diaz, un Lansyer, un ou deux Ribot,
deux Dauzats, un Jacque, un Brown; des
étrangers, et Koekkoek et Jongkind et
Bouterwek; des Bordelais enfin, hélas!
oui, des Bordelais, et M. Pradelles, et
M. Constant, et M. Gibert, et M. Capey-
ront, et M. Anguin et vingt autres, jus-
ques et y compris M. Gorin, le réssus-
cité!

J'ai vu tout cela; le style coudoyant
le genre; le réalisme exploitant le scan-
dale du laid, tout près des mièvreries
des porcelainiers et des éventaillistes;
l'art convaincu, étouffé sous les tableaux
de chevalet et de pacotille; l'habileté de
la main remplaçant trop souvent l'originalité ou l'élévation de la pensée; l'es-
camotage se substituant au faire, et le
trafic à la foi. Mais de ces réflexions en
quelque sorte annuelles, à un jugement
consciencieux et spécial sur l'Exposition présente, il y a loin; je veux être
le premier à le proclamer.

Prenons donc le temps de faire avec tous ces tableaux plus ample connaissance, et bornons-nous pour aujourd'hui à remercier la société des Amis des Arts de la persévérance de ses efforts. C'est chose plus rare et plus malaisée qu'il n'apparaît au premier abord, de suivre résolûment une même voie pendant quinze années consécutives; de vouloir, par pur esprit de dévouement, l'éducation intellectuelle des masses et le bien à la fois matériel et moral des artistes; de ne se décourager ni devant les injustices, ni devant les criailleries; d'aller enfin à son but par le sacrifice, sacrifice de temps et d'argent, qui d'ordinaire ne fait que des ingrats.

Pour ma part, j'applaudis du fond du cœur à ceux-là qui ont le courage de se mettre en avant et de risquer leur quiétude dans la bagarre du bien public. Lors même que sur quelque points ils ne seraient pas à l'abri de toute criti-

que, il me semblerait peu décent de les
en chagriner. Assez de gens, au surplus, sont ambitieux chez nous d'une
telle joie! Je serais au regret d'empiéter
sur leur amour de blâme, et ne me sens
aucune tendance à imiter en leur compagnie cet eunuque risible, qui discourait
un jour en plein sérail sur les empor-
tements, excessifs quelquefois, de la vi-
rilité.

25 mars 1865.

A L'EXPOSITION

—

I.

LA PEINTURE RELIGIEUSE.

—

M. Coubertin. — M. Blanc. — M. Clére. — M. Mazerolle. — M. Chazal. — M. Grellet. — M. Doze. — M. Papin.

Décidément ce qu'on est convenu d'appeler le *grand art* devient chaque jour, parmi nous. d'une plus affligeante rareté. Il y a quelques années, nous avions encore Ary-Scheffer et Paul Delaroche : l'un dont le tempérament rêveur comprenait, avec une égale poésie, et le *Christ au milieu des enfants* et la *Marguerite* de Wolfgang-Goëthe ; l'autre, trop esclave de la nature et trop défiant de lui-même, mais du moins toujours noble dans la pensée, toujours heureux dans la science des lignes et pouvant, non sans gloire, aborder de grandes pages, comme fut son *Hémicycle*. Hier, nous avions Delacroix, ce fier débauché de génie.

toujours ivre de coloris; nous avions Hippolyte Flandrin, l'austère amant du mysticisme
chrétien. Que nous reste-t-il aujourd'hui,
puisque M. Ingres se repose, et que l'illustre
vieillard, retiré de la lutte, assiste vivant au
spectacle de sa propre immortalité? M. Feyen-
Perrin? M. Barrias? M. Moreau? M. Coubertin?
Hélas! lesquels combleront les vides que la
mort a faits dans les rangs du bataillon sacré
de l'art?

Pourtant, il me semble que les artistes
vaillants de toutes les époques devraient être
animés d'un même culte pour la grande peinture, celle qui, dédaigneuse des spécialités du
lieu, du temps, du costume, des mœurs, pour-
suit le beau dans l'idéal, non par le sentiment, mais par le caractère, non par la fantaisie, mais par le style.

Voilà le grand art! Vivant par l'idée, il
tend d'ordinaire à s'élever vers la divinité,
soit qu'il emprunte au paganisme les fictions
allégoriques de la mythologie; soit que,
plus sévère, il puise ses inspirations aux
sources du spiritualisme moderne. Souvent
aussi, il se contente de l'homme; mais alors

il le prend dans son acception la plus imper-
sonnelle, et par conséquent la plus idéale, l'en-
noblit tantôt par la beauté du nu, tantôt par
la majesté des draperies, et le transfigure en
quelque sorte par le charme toujours jeune
de l'histoire traditionnelle ou légendaire.

On le comprend : entendu ainsi, le grand
art (qu'il ne faudrait pas confondre avec le
classique) ne peut avoir pour adeptes que
des artistes sincères et convaincus. Pour s'abs-
traire de la mode et travailler, loin de la foule
indifférente, dans la pure contemplation du
beau absolu, il faut avoir la foi. C'est parce
que la foi manque à nos artistes contemporains, que la grande peinture est tant délais-
sée. Ils sont de leur siècle, c'est-à-dire pres-
sés de jouir par l'or ou par la renommée. Peu
leur importe l'apothéose finale, s'il faut pour
y arriver gravir un Calvaire. Et ils se jettent
tous à l'envi dans le *genre,* qui du moins donne
de quoi bien vivre, grâce aux gens d'esprit, aux
lorettes et aux millionnaires.

Quelques-uns cependant portent encore leur
tribut à l'autel déserté du grand art; mais un
simple coup d'œil jeté au salon suffira pour

1.

nous faire voir combien ils sont timides dans leur culte et combien ils appartiennent, jusque dans le temple, au démon de la Fantaisie.

Commençons par la peinture religieuse.

J'ai nommé tout à l'heure M. Coubertin. Il est regrettable que le cardinal Wiseman, en inspirant à cet artiste le sujet de son tableau, ne lui ait pas prêté en même temps un peu de son ardente piété ; M. Coubertin y eût trouvé des forces de conviction qui auraient imprimé à son œuvre une énergie dont elle est absolument dépourvue. Ce n'est point que des qualités très-distinguées ne signalent la *Dernière Messe d'un Martyr*. Composition sagement ordonnée, dessin élégant, modèle bien entendu, science des draperies, tout cela s'y trouve, et d'autres mérites encore ; mais l'ensemble manque de vigueur et me laisse froid. Les têtes trop académiques n'ont pas de caractère. Le coloris trop peu serré rappelle la peinture murale. Une lumière fade, et qui vient on ne sait trop d'où, remplit le tableau tout entier de teintes presque égales. A peine, dans le fond,

quelques ombres bien timides, bien propres,
bien molles. Rien n'est sacrifié, rien ne se de-
vine, rien ne palpite. L'attention du spectateur
s'éparpille un peu partout. Et pourtant le saint
prêtre est là, étendu sur la terre, dans la
crypte où il va rendre son âme au Dieu de
miséricorde! Mais comment s'émouvoir devant
ce petit drame si bien réglé, quand les acteurs eux-mêmes y mettent tant de mesure
dans leur douleur?

Le tableau de M. Coubertin est cependant,
à tout prendre, une œuvre estimable et qui
fait honneur aux études de l'artiste.

Je voudrais pouvoir en dire autant du *Christ
au Tombeau,* de M. Blanc; mais ici je ne sais
plus ce qui est louable. La composition vise
à l'effet par l'exagération des mouvements et
l'étrangeté du coloris. Est-ce l'excessive auréole du Christ, est-ce la lampe du sépulcre,
qui jette ses clartés fausses sur cette scène
d'outre-tombe? Toujours est-il qu'elle s'éloigne du calme sévère qu'exige l'esprit chrétien,
pour se rapprocher de la fantasmagorie.

Si, avec MM. Coubertin et Blanc, on sent
l'influence de Paul Delaroche, M. Clère, lui, fait

songer à Delacroix. Il a une gamme de couleurs rouges et verdâtres, d'un effet qui ne manque ni de force ni d'harmonie. Il peint solidement et vise au caractère par une sorte d'archaïsme conventionnel. Mais il y a des partis pris dangereux, et il faut savoir dégrader sa couleur sous peine de confondre les plans; dans le *Saint Georges* de M. Clère, ils viennent tous également en avant par l'uniforme intensité des tons.

Plus habile et plus personnel est assurément M. Mazerolle; celui-là, du moins, s'efforce d'être lui-même. Malheureusement, pour aborder le grand art, il ne suffit pas d'une certaine originalité, d'une ordonnance aimable du sujet, d'un dessin savant, d'une couleur transparente et délicate. Tout cela est également du domaine du genre. Il faudrait plus d'élévation dans l'idée et de puissance dans le caractère. C'est à quoi M. Mazerolle n'a pas pu se hausser. *Le prophète Elie ressuscitant une jeune fille* reste de la peinture de genre. L'esprit y remplace la foi, et la finesse le style. La belle attitude du prophète donnerait pourtant au tableau quelque ampleur si le reste de la

composition n'avait pas je ne sais quel air fa-
milier et si la toile n'était point caressée d'une
lumière blonde aussi joyeuse.

Certes, M. Mazerolle est un homme d'un
grand talent. Son *Diogène* l'a bien prouvé.
Mais Flandrin avait autre chose que du talent.
Que M. Mazerolle reste donc fidèle à la fantaisie. Les hommes de son esprit peuvent y
prétendre au premier rang.

C'est pourtant un peintre de genre qui a su
le mieux, cette année, interpréter l'art chrétien ; je veux parler de M. Chazal et de son
tableau, les *Disciples d'Emmaüs.*

Dans un paysage austère, Jésus de Nazareth
s'avance entre ses deux disciples qui ne l'ont
pas reconnu. C'est le moment où il vient de
les joindre ; car l'un deux, sans doute Cléophas,
marque dans son attitude une attention mêlée
de surprise. Suivant la parole des Evangiles,
« il se fait tard et le jour est déjà sur son dé-
clin. » Le terrain est baigné d'ombre et les
silhouettes du maître et de ses compagnons se
dessinent avec fierté sur un ciel encore lumineux.

En dépit de ses proportions, il y a de la

grandeur dans cette toile et un certain charme sévère, empreint de force et de calme à la fois. Le Christ, dont la tête porte une auréole diaphane, semble effleurer seulement le chemin, ainsi qu'il sied au Dieu ressuscité. Son vêtement est drapé avec une sobriété saisissante et la gamme presque monochrôme du tableau y répand une harmonie qui a sa majesté. En somme, si l'on ne pouvait reprocher à cette composition un certain effet banal qu'elle emprunte à la façon dont les personnages se détachent en repoussoir sur la lumière du fond, M. Chazal mériterait d'être loué sans réserve pour une œuvre doublement éminente par l'idée et par le caractère.

Quelle différence avec M. Grellet, en religion frère Athanase! Son *Saint Joseph*, voilà un grand cadre; mais quelle pauvreté d'inspiration, quelle lourdeur dans le coloris, quelle absence de sentiment, quelle banalité! C'est tout au plus du décor, et du plus médiocre.

Et le *Triomphe de la Vierge* de M. Doze, quel pitoyable pastiche de Murillo!

Et l'esquisse de M. Papin, quel affligeant

effort, visant à la fougue et s'arrêtant à l'impuissance!

M. Papin est Bordelais. Il a du procédé, de l'acquit et de la conscience. Mais il n'est pas fait pour la grande peinture. J'espère qu'il ne poursuivra pas l'exécution de son œuvre définitive. Je sais bien que le tableau corrigerait peut-être certaines fautes de l'esquisse; que tels soldats, par exemple, y pourraient prendre figure humaine; que tels muscles y reviendraient à leur place; que tel pied y arriverait à être moins long que le bras; mais l'ordonnance du sujet resterait la même, et le même esprit animerait tous ces énergumènes de contorsion et de coloris. Ah! M. Papin, si la *Passion du Christ* a pu sans impiété, défrayer les naïfs *mystères* du moyen âge, on n'y saurait tailler un drame pour l'Ambigu!

Tel est au salon l'art chrétien, incertain et sans conviction.

Il est vrai que ni M. Timbal, ni M. Lenepveu n'y montrent, l'un le grand aspect de son génie florentin; l'autre la rare science de son exécution, où brillent toutes les qualités de l'école.

Ceux-là, du moins, sont des maîtres qu'anime l'esprit de foi; mais nous sommes à l'Exposition, et bien loin de nous, en ce moment, est la *chapelle de Sainte-Geneviève!*

II.

MYTHOLOGIE ET ALLÉGORIE

MM. Amaury-Duval. — Moreau. — Deuterweck. — Feyen-
Perrin. — Antigna. — Signol.

Dans un livre qu'il ne me convient pas de nommer, parce qu'il est aussi détestable par le fond que merveilleux par la forme, Théophile Gautier, jeune alors, a opposé, avec une verve admirable, les charmes sensuels de la Vénus païenne aux grâces mystiques de la Vierge Rédemptrice.

Il opte, cela va sans dire, pour la déesse qui sort toute nue de la mer et promet aux mortels les lascives séductions de la beauté plastique.

Sans discuter avec le grand critique, je puis dire que le jour où il sacrifia ainsi l'esprit à la chair, il entrevoyait sans doute, dans ses extases d'artiste, une Vénus tout autre que celle de M. Amaury-Duval. Celle là, j'en suis sûr, n'eût pas suffi à le pousser au blasphème.

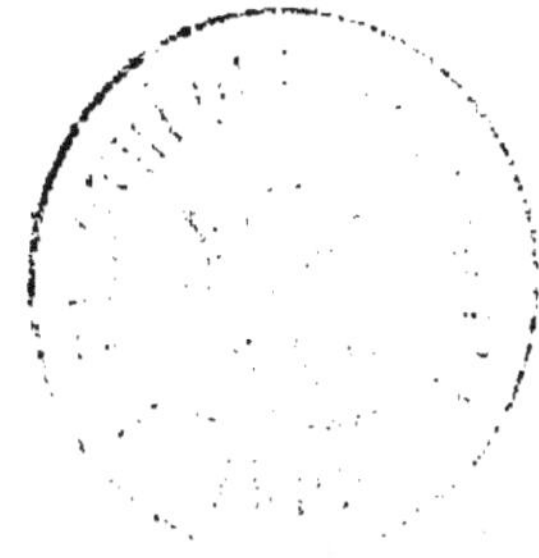

Je ne sais rien, en effet, de moins païen que cette jeune personne presque impalpable, qui dresse sa nudité sans relief sur un ciel sans ombre, n'ose pas même vous regarder en face, et, pour se donner une contenance, joue innocemment avec sa chevelure diaphane, à peine alourdie par l'onde amère.

Cette Vénus-là a beau vouloir nous faire croire qu'elle vient de naître de l'écume argentée qui baigne encore ses pieds mignons, on sent qu'il n'en est rien. Son père, c'est l'Art moderne ; sa mère, la Fantaisie. Elle est née Parisienne. Si tant est cependant que la plus réussie des Parisiennes puisse se complaire, avec une afféterie aussi naïve, aux flexuosités un peu disloquées de son torse et de sa hanche.

Combien, en présence de cette vierge capricieuse, nous sommes loin de l'antiquité, telle que nous la connaissons dans son esprit, dans ses formes tangibles et dans sa technique ! Hélas ! le maniérisme est un mal moderne que ni la Grèce ni Rome n'a connu, mais dont la Vénus de M. Amaury-Duval est bien malade !

C'est un signe de notre temps de prétendre.

avant toute chose, à ce que nous avons appelé *la distinction*. La distinction est à l'élégance ce que la chlorose est à la beauté. L'élégance saine demande de riches carnations et de l'ampleur dans le modelé; elle réclame surtout la sincérité des formes et veut que les lignes, avant que de viser à la souplesse, s'agencent avec solidité.

Je sais bien qu'au fond il y a une intention louable à éteindre la couleur, pour que le tableau gagne en poésie ce qu'il perd en réalité; mais c'est une mode qui mène facilement à l'excès. M. Henri Delaborde l'a dit quelque part, « si le coloris ne doit pas être l'imitation absolue du réel, il ne doit pas être non plus la négation du vrai. » Que le peintre supprime largement les phénomènes extérieurs de la vie, pour donner à sa pensée une signification à la fois plus intime et plus éthérée, je le veux bien : mais à la condition que la femme ainsi idéalisée ne portera point par mensonge le nom de cette Vénus opulente et rieuse que l'art grec nous a léguée, cet art qui sut s'élever jusqu'à la perfection par un réalisme auguste !

Des qualités plus hautes, des mérites plus saisissants distinguent l'œuvre de M. Moreau. Tout a été dit sur cette composition capitale qui a porté, d'un seul bond, son auteur au pinacle de la célébrité. Le public et la critique n'ont eu qu'une voix pour célébrer l'heureux imitateur du vieux Mantegna. La gravure, toujours fidèle au succès, a reproduit les lignes savantes et l'aspect magistral de son *Œdipe*. Enfin, une galerie princière a tenu à honneur de l'accueillir parmi les toiles les plus considérables de l'art contemporain.

Ce doit être une heure presque terrible dans la vie d'un artiste que celle où, après de longues années de désespérance et d'obscurité, il voit se réaliser soudainement son rêve de gloire. L'ivresse, en un tel moment, doit être poignante comme l'angoisse. Je conçois que, semblable au bonheur de la mère qui retrouve inopinément un fils dont elle portait le deuil, une telle joie puisse faire peur !

Deux fois, depuis un an, nous avons assisté, avec l'*Œdipe* de M. Moreau et le *Roland* de M. Mermet, à ce subit éclat de tardive renommée ; et deux fois, chose digne de méditation.

c'est une pensée héroïque qui a mené au triomphe et le peintre et le musicien.

Pour ne parler que du tableau, disons qu'il y règne une incontestable maëstria. Cela est à la fois noble et sévère. La mise en scène a de la grandeur; l'exécution, de la fermeté; l'ensemble, un calme fatidique; les détails, une harmonie forte et puissante. Tel morceau, la tête d'Œdipe, par exemple, emprunte à l'idée un caractère de premier ordre; tels autres, les ailes du sphynx, et les premiers plans, et les fonds, brillent de toutes les qualités du faire et de la couleur. On sent, en un mot, dans toute cette toile, une pensée longtemps mûrie, qui est arrivée à l'élévation par la conscience, et à l'effet par la science.

Ce n'est point assurément que rien, dans l'œuvre de M. Moreau, ne puisse être blâmé. Les uns, s'irritant du système d'imitation presque gothique qui fait à Œdipe ces draperies sèches, cette attache de hanche et cette anatomie de genoux, s'étonnent surtout que M. Moreau se soit plu à ressusciter, de parti pris, l'art du quinzième siècle, pour représenter le prince grec qu'immortalisa Sophocle. D'autres ajoutent qu'au milieu de toutes ces lignes archaïques la figure moderne du sphynx fait un contraste sans raison d'être. Ces critiques, et d'autres que je sais, ont leur fondement; mais il faut convenir qu'elles laissent encore une place immense à l'éloge, et que l'homme qui a su donner au fils de Jocaste ce regard songeur et sinistre, est, sinon un grand peintre dans la complète acception du mot, du moins un artiste susceptible de grande idée et de grande manière.

De l'*Œdipe* de M. Moreau aux *Nymphes* de M. Bouterweck, la transition n'est pas commode, à moins qu'il ne faille, même en peinture, reconnaître aux extrèmes le privilége de se toucher. Dryades et Napées dansent demi-nues autour d'une image du dieu Pan, peinturlurée du plus joli vert. Le dieu à jambes de bouc enfle son rustique chalumeau, comme pour régler la cadence de ces champêtres lupercales. Dryades et Napées sont jeunes, jolies, bien dessinées, bien rhythmées, d'une couleur plaisante et d'un agréable mouvement. En somme, ce petit tableau, qui appartient au genre par ses proportions et sa

manière, trouve plus d'un fervent admirateur,
parmi ceux-là surtout qui apprirent dans
leur enfance à considérer comme le nec plus
ultra de l'art, les « bas-reliefs coloriés » de
l'école de David.

L'Allégorie a toujours marché de pair avec
la Mythologie. C'est pourquoi, j'ai le devoir
d'étudier en ce moment la *Rêveuse* de M.
Feyen-Perrin, le *Miroir des bois* de M. Antigna
et la *Sara* de M. Signol.

La *Rêveuse* de M. Feyen-Perrin a été fort
louée à Paris, l'année dernière, sous le titre
de « une *Grève* » que notre livret lui a con-
servé. Au risque de dire une sottise, je pro-
teste, quant à moi, contre l'injustifiable en-
gouement auquel ce tableau a donné lieu. Je
ne comprends même pas ce qu'on y peut
trouver de satisfaisant pour les yeux ou pour
l'esprit.

Et d'abord, y a-t-il une idée dans ce cadre?
une femme nue, étendue, *ventre à terre*, sur
une grève déserte, voilà certainement, en soi,
un piètre motif. Le sentiment ou le goût pittoresque en a-t-il fait quelque chose dont

l'art puisse se réjouir? non, cent fois non! —
où est le sentiment? est-il dans le dessin,
la touche, le modelé, la couleur? Le dessin
est correct, mais sans ampleur; la touche
manque de fermeté; le modelé, de finesse; la
couleur, de légèreté et de vie. — Et le goût
pittoresque? se dégage-t-il, par hasard, de
cette plage verdâtre et visqueuse, que nous
nommerions, à Bordeaux, un *Crassat?* de ces
eaux sans transparence? de ces petites flaques
saumâtres, où, avant la *Rêveuse,* les foulques
et les sarcelles sont venues barboter? se dégage-t-il de ces bandes de terrains lourds et
mal accusés? de ce ciel que l'aube blanchit
de teintes plates? de cette lumière, enfin, qui
frise sans chaleur le sommet des falaises boueu-
ses, et colore étrangement les cheveux de la
femme, pour condamner son visage tout entier
à une éclipse prétentieuse et forcée? Je me suis
posé toutes ces questions en pure perte et je
cherche encore; comme aussi je me demande
à quoi cette femme peut songer de la sorte,
toute nue avant le jour et le ventre dans la
vase? à moins qu'elle ne médite avec chagrin
sur l'inutilité de l'hydrothérapie.

Si Paris a applaudi M. Feyen-Perrin pour sa *Rêveuse*, en revanche il s'est montré sévère pour M. Antigna et son *Miroir des bois*. Je le déclare : le blâme, cette fois, me paraît encore plus immérité que tout à l'heure l'éloge. J'aime, je l'avoue, cette enfant grêle et chaste, mieux parfumée de son innocence printanière que des senteurs du nénuphar que son pied va fouler. J'aime son étonnement au bord des ondes cristallines et ce mouvement de naïve coquetterie qui la pousse en avant, pour contempler son image immaculée. J'aime enfin les grands bois discrets qui abritent cette poésie sous leur ombre transparente!

On a reproché autrefois à M. Antigna, quand il peignait les grabats funèbres et les mansardes désolées, la gamme toujours grise de sa lumière, et les tons de terre glaise dont il attristait ses tableaux. Aujourd'hui encore, on accuse le *Miroir des bois* de manquer de soleil et de relief. Je ne saurais partager cette opinion. Sans doute la tonalité du tableau est un peu fade, mais elle a une charmante harmonie; la ligne est émaciée, mais sincère; le modelé est sobre, mais comme il

convient à des formes juvéniles. Et puis, par-
dessus tout, ce *Miroir* candide reflète un exquis sentiment, pur comme la nature et frais
comme l'idylle.

Reste la *Sara* de M. Signol. Ce n'est pas, à
vrai dire, une allégorie; mais elle s'en rappro-
che par son impersonnalité, et cela suffit pour
que je la mentionne ici.

> Sara, belle d'indolence,
> Se balance

dans un hamac multicolore, au-dessus d'une
onde moirée, à l'ombre de je ne sais quelle
glycine trouée de soleil. M. Signol est de l'Ins_
titut. Ce titre lui commande mon respect. Je
ne dirai donc pas que son tableau a juste les
qualités requises pour un panneau de papier
peint, à mettre dans un *buen retiro* de garçon,
......à la campagne.

J'en ai fini avec les toiles inspirées, — plus
ou moins heureusement, — par le pur idéal,
et aussi avec les nudités du salon. La nomen-
clature, Dieu merci, n'en a pas été trop longue. Paris, l'an dernier, n'en fut pas quitte à
si bon marché, témoin la collection désha-

billée des Vénus, des Lédas, des Èves, des Per-
les, des Naïades et des Narcisses, qui cou-
vraient les murs de l'Exposition. Notre collection bordelaise est moins variée. Tant mieux.
Il faut du nu, mais pas trop n'en faut.

III

HISTOIRE. — BATAILLES

MM. **Barrias**. — **Legrand**. — **Tabar**. — **Hippolyte** et **Eugène Bellangé**. — **Mademoiselle Venot d'Auteroche**. — **M. Pradelles**. — **Contant**.

L'histoire est peut-être, de toutes les expressions de la grande peinture, celle que notre époque a le plus complétement abandonnée. Le goût néo-grec, qui a envahi l'architecture présente, inspire bien, par ci par là, quelques toiles, les unes amusantes, les autres curieuses. Mais tout ce pseudo-archaïsme pèche, d'ordinaire, par absence de conviction. Nous avons la manie de l'esprit. Nous en faisons à tort et à travers, jusque dans le choix de nos sujets, qui ne servent plus que de thèmes à notre fantaisie. Et voilà les Laïs, les Alcibiades, les Augures, les Aspasies, les Diogènes et les Phrynés qui vont leur train ! Et le public de rire ! Mais le grand art se voile la face devant toutes ces figures spirituelles, et l'Histoire s'étonne qu'on la fourvoie en si joyeuse et si moderne compagnie!

Pas plus que l'antique patrie de Praxitèle et de Phidias, la Rome des Césars n'a d'historiens sincères parmi nos peintres. Ils croient avoir atteint le but quand ils ont restauré, avec plus ou moins de fidélité, quelque intérieur pompéien. Un lit tricliniaire en bois d'érable incrusté d'or et drapé de pourpre, une table ronde à pied d'ivoire, des colonnes de marbre, des statues portant la lampe parfumée, un pavé de mosaïques vermiculées, voilà la matière première de leur œuvre banale. C'est faire de l'histoire à la manière des tapissiers.

Le tableau de M. Barrias est le prototype de cette méthode sans inspiration et sans personnalité. Les *Exilés de Tibère* avaient fait espérer mieux de lui. Mais, dans l'*Épître à Auguste,* tout est pauvre d'invention et d'effet. C'est de la scholastique ennuyeuse, qui vaut à peine un bon point. Tant il est vrai que de fortes études et une correction peu commune ne suffisent point à pousser un artiste au-dessus du médiocre, et que, pour s'élever plus haut, il a besoin des ailes que seule l'originalité donne au talent.

La *Sapho* de M. Legrand se recommande moins encore par le sentiment historique. Pauvre muse Lesbienne! elle est banale, frottée et reluisante comme un parquet.

M. Tabar, lui, entend l'histoire d'une plus tragique façon. Nous connaissions déjà cet artiste singulier par le *Bonaparte neptunien* de notre musée. Cette année, il a envoyé une espèce de scène guerrière, inspirée, ce semble, mais mal inspirée de Decamps. Des cavaliers barbares, montés à cru sur des chevaux parthéniques, traversent un gué à la lueur des incendies, et, furieux, égorgent, dans une pénombre pleine d'horreur, des femmes et des enfants. M. Tabar a nommé cela les *Bretons vaincus par Agricola;* si bien que, dans ce tableau, où une sorte de confusion tient lieu d'emportement, tout est étrange, — jusqu'à son titre. Du reste, c'est toujours la même exécution lâchée, la même lourdeur de coloris, la même recherche de fantastique. Que M. Tabar nous permette de le lui dire : la prétention au sublime n'est pas un motif pour confondre les terrains, les eaux et le ciel lui-même dans une tonalité sans précision et sans vie. La préoccupation de faire grand ne devrait jamais détourner du devoir de faire juste.

Je nommais Decamps tout à l'heure. Chère et illustre mémoire! Sa *Défaite des Cimbres* restera comme une des splendeurs de l'art contemporain. Quelle majesté dans cette furie! quel héroïsme dans ce tumulte! quelle épouvante dans ce ciel zébré de nuées livides! Voilà un artiste rare et qui possédait à un éminent degré le secret de l'épopée. Que M. Tabar étudie assidûment un tel modèle. Je lui souhaite d'arriver à se montrer un jour digne d'un pareil maître!

Avant de passer à un autre ordre d'idées et d'aborder les peintres de batailles, je devrais peut-être apprécier ici les quatre ou cinq tableaux qui représentent, au Salon, l'histoire moderne. Mais il me paraît préférable d'en réserver l'examen pour le moment où je m'occuperai de la peinture de genre, à laquelle ils me paraissent se rattacher par tous leurs caractères.

Le combat légendaire de M. Tabar est une transition toute simple pour arriver aux batailles de MM. Bellangé. Batailles d'hier, celles-là, où brille, à travers les fumeuses volutes de la poudre, le drapeau glorieux de la France !

C'est évidemment par affection paternelle que M. Hippolyte Bellangé s'est borné à envoyer un tableau d'aussi peu d'importance que ses *Chasseurs d'Afrique en tirailleurs*. Il a voulu se sacrifier au succès de son fils. Ce dévouement me touche et m'ôte la force de remarquer combien il est heureux pour les tirailleurs de M. Bellangé père qu'ils aient occis l'Arabe du premier plan. Quel gaillard ! il est plus grand, à lui tout seul, que le cavalier et le cheval d'à côté. Le cheval tend le col de surprise, à la vue du géant mort. Je conçois et je partage l'étonnement de ce coursier.

Par contre, les deux tableaux de M. Eugène Bellangé, *Un soir de bataille en Italie* et le *Drapeau du 91ᵉ à Solferino*, tiennent à l'Exposition une place considérable par leur mérite et leur dimension. Je me garderai bien cependant, de mettre ces toiles au même niveau.

Un soir de bataille est une composition banale qui offre de jolis détails, mais manque d'unité, et dont l'effet est encore alourdi par un coloris sans transparence. Sans doute le groupe du zouave et de l'officier autrichien est fort spirituellement mouvementé. Mais le tableau ne porte pas à l'âme l'impression solennelle qu'on en devrait attendre. C'est une scène vulgaire qui ne commande pas l'intérêt et ne saisit pas même l'attention.

J'aime beaucoup mieux le *Drapeau du 91ᵉ à Solférino*. Voilà une toile pleine de jeunesse, de verve et de cœur. Si elle n'a pas ce calme relatif que l'art se plaît à conserver jusque dans l'impétuosité du mouvement, si même le coloris y affecte une certaine tendance au papillotage, elle montre du moins, sous le jour le plus favorable, le facile talent de M. Bellangé fils. Il y a dans cette mêlée une animation extrême. Le sergent Bourraqui tient son drapeau mutilé avec un geste tout vibrant de passion, qui concentre le sujet et le domine. Une lumière joyeuse, augure du triom-

phe prochain, éclaire les combattants et ca-
resssc de teintes blondes l'héroïque guenille
près de laquelle s'entassent les morts invain-
cus. Tout cela se rue, frappe et tombe avec
un entrain plein de charme. C'est la furie
française dans son expression la plus ardente.
M. Bellangé fils apprendra plus tard à con-
naître la force que donne la modération. Mais
je le loue de sentir trop vivement. A son âge,
c'est une vertu, et une vertu féconde !

Mademoiselle Eugénie Venot d'Auteroche
n'a pas craint, elle, faible femme, d'exposer
un zouave, ni plus ni moins que M. Pradelles !
Une demoiselle peignant des zouzous !.....
quand il y a dans la nature tant de fleurs et
tant d'oiseaux ; quand il y a tant d'émeraudes
dans les prairies, tant d'azur dans le ciel,
tant de poésie dans les ramées frémissantes !
Il est vrai que mademoiselle d'Auteroche a
fait, de son zouave, un prétexte à sentiment.
Digne militaire ! il te sera beaucoup pardonné
parce que tu as beaucoup pleuré !

M. Pradelles maçonne des zouaves plus réalistes. Il les bàtit comme des fours à chaux,
par un procédé d'empàtement dont il est l'in-

venteur. Vit-on jamais de héros plus rechi-
gnés, plus rébarbatifs et plus crottés? Et ces
terrains sordides! Et ce ciel *truellé* de teintes
fauves! En vérité, M. Pradelles est une bizarre
individualité. Encore, s'il était quelque peu
coloriste, ou bien même quelque peu dessinateur! mais sa palette a des tons sourds et
lugubres qui font de la peine, et sa ligne com-
met à chaque instant les plus manifestes bar-
barismes. En attendant qu'à l'article *Paysage*
je reparle de l'excentricité de sa brosse et
de sa façon monstrueuse d'appliquer la couleur, je veux dire mon regret de voir un homme estimable persévérer en une aussi lamentable impasse. Les amis de M. Pradelles devraient s'unir dans un même effort pour l'em-
pêcher de peindre. Il y aurait inhumanité à
le laisser plus longtemps en proie aux illu-
sions dont se repait son âme honnête et
croyante!

Enfin, M. Contant termine la galerie des
Bataillistes par un certain *Pont de Traktir*,
sans idée, sans perspective et sans animation. Une couleur terreuse sauve mal les
incorrections des détails et la faiblesse de

l'ensemble. Que M. Contant n'élève pas si
haut son ambition que de vouloir peindre des
batailles. Il n'a point [...] d'études suffisantes,
et resterait fatale[...] [...]essous de son but.
Qu'il demeure fi[...] [...]maux. Avec plus
de métier, plus [...] [...]une couleur
plus lumineuse. [...] [...]re devenir
un jour un ani[...] [...] Mais il n'est
pas né pour recu[...] [...] Horace Ver-
det. *Non licet o[...]* [...] *de Traktir*
ne me fait pas l'[...] [...]min de Co-
rinthe.

IV

PORTRAITS

Les portraits sont nombreux à l'Exposition,
et quelques-uns dignes d'un sérieux examen.
J'en ai compté quatorze, envoyés par cinq
artistes étrangers et cinq bordelais.

M. Ricard ouvre la marche. Qui ne connaît
quelqu'un des admirables portraits de ce
maître rare? Cette fois, il ne se montre pas à
nous avec le faire magistral, la couleur solide
et transparente, la patine chaude, la puissance de relief qui l'a fait appeler par un critique célèbre « le petit-fils de Van Dyck. »
Son *Portrait de M. Fromentin* est une excur-
sion dans le domaine de la fantaisie la plus
raffinée. On sent bien encore, dans cette toile
originale et savante, la griffe léonine du
maître; cependant, en dépit de ses qualités

exquises, l'ensemble du tableau tourne à l'excentricité. Quelle singulière idée a eu M. Ricard d'employer ce fond vert clair qui tire l'œil et fausse, par sa tonalité, la gamme des carnations! Mais il faut savoir accepter, sans toutefois y applaudir, les boutades des grands artistes. M. Ricard s'ennuyait peut-être de sa magnificence, et il a voulu se distraire. Son tableau est un caprice. Que voulez-vous? le Roi s'amuse!

Le *Portrait de madame Mathilde de Brun*, par M. Genty, est une peinture de bon aloi qui a de la finesse et de la vie. Sans être un artiste de *high life*, M. Genty a su donner à la *Rédactrice du monde élégant (?)* une distinction un peu... comment dirai-je?... cavalière, qui lui sied fort. M. Genty a été médaillé à l'Exposition de 1863. S'il sait se corriger d'une certaine sécheresse et parvient à obtenir la valeur étoffée du ton, il est sûr de franchir d'un pas rapide les degrés élevés du succès.

Autant le *Saint Joseph* de M. Grellet (frère Athanase) m'a trouvé sévère, autant je suis disposé à louer son *Portrait de l'abbé D...* Ce n'est point qu'il n'y ait encore, dans ce tableau, quelque lourdeur et aussi, peut-être, un excès de sagesse; mais la tête a une expression de bonhomie sagace et réfléchie, largement rendue, et l'ensemble se recommande par une grande sincérité de pensée et d'exécution.

M. Castiglione a envoyé un portrait, et madame Lombard un autre, tous les deux exposés dans le petit salon d'entrée. J'aurais bien voulu qu'il me fût possible de voir l'un et de ne pas voir l'autre! La tête du *Docteur Clark* est accrochée dans une pénombre qui exagère encore le ton lourd et vieilli de la toile. M. Castiglione a été trop avare de lumière pour son tableau, et la Société des Amis des Arts lui a rendu la pareille. Plût au ciel qu'elle eût usé de cette courtoisie pour madame Lombard!...

Mais j'ai hâte de passer à l'étude de nos portraitistes bordelais.

M. Papin a dû me trouver bien dur, l'autre jour, dans la franchise des sentiments que son esquisse antireligieuse m'a inspirés. J'ai reconnu pourtant qu'il avait du procédé, de l'acquit et de la conscience, et je suis heureux que ses portraits me fournissent une occasion de le lui répéter.

M. Papin est, par excellence, le peintre de la bourgeoisie. Il y a trois raisons pour cela. Premièrement, il possède une sagesse de touche facilement intelligible même pour les cerveaux les plus obtus; secondement, il fait ressemblant; troisièmement, il flatte son client par le luxe des accessoires.

Voyez les quatre portraits qu'il a exposés. Chacun a son sens, et l'artiste a pris soin de le souligner à outrance. M. J... fils, l'homme au chat, c'est le Sentiment. M. Eugène B.., l'homme aux livres, c'est l'Étude. M. le Maire, l'homme à l'ancètre, c'est l'Autorité. Madame L...., la dame au propylée, c'est la Fortune. Pourquoi ce chat? pourquoi ces livres? pourquoi cet ancètre? pourquoi ce propylée? dira l'homme de goût qui cherche l'idée dans l'expression et non dans l'accessoire. — « C'est afin qu'on n'en excipe cause d'ignorance, » répondrait dans son argot un parfait huissier.

Et cependant il serait injuste, souverainement injuste de ne pas reconnaître à M. Papin d'estimables qualités; elles se montrent sous

leur meilleur jour dans les deux derniers portraits que je viens d'indiquer, celui de M. Bro-
chon et celui de madame L...

Le Maire, en costume officiel, tend le doigt
sur un plan du Bordeaux de l'avenir. M. Bro-
chon est bien campé, malgré le mouvement
de la main gauche qui est médiocrement
heureux. La tête, un peu rajeunie par l'effet
d'un coloris trop diapré, est très-ressem-
blante, quoique l'œil manque de vie. Le ton
général du tableau a de l'harmonie et une
certaine finesse ; en somme, c'est une toile
qui fait honneur à M. Papin.

Mais que de choses autour de M. le Maire de
Bordeaux !... C'est une encyclopédie. Quand
on a regardé le portrait, il faut le lire. C'est
tout le passé avec tout le présent. On cherche
dans un coin de ce cabinet une place où l'air
puisse librement circuler. Partout des meubles, des tableaux, des sculptures, des écri-
toires en forme de monument, des livres em-
pilés. Pourquoi faire d'un portrait à la fois un
manifeste, un rébus et un arbre généalogique ?
Les grands peintres n'ont point procédé de la
sorte. Que M. Papin médite longtemps l'admi-

rable portrait de don Luis de Harro, cette toile où éclate d'une si triomphante manière le génie de Murillo ! Peut-être un jour il comprendra que la véritable force sait se passer de l'appoint compromettant des accessoires, et que, pour le peintre, tout le secret de la vie est dans l'opposition des tons blancs et des tons noirs, raccordés par la science des demi-teintes.

On sait que la Société des Amis des Arts compte dans son sein des amateurs qui apprécient avec le même tact la peinture et le Médoc. On demandait l'autre jour à l'un de ces messieurs ce qu'il pensait du portrait de M. le Maire. — « C'est un premier bourgeois » — répondit spirituellement l'amateur, qui jugeait ainsi d'un seul trait la fonction du modèle et le cru du tableau.

A ce dernier point de vue, mais à ce dernier point de vue seulement, le portrait de madame L... mérite d'être classé plus haut.

Madame L... est debout, ou à peu près, dans une sorte de temple tout scintillant de marbre, de porphyre et d'onyx. Autour d'elle, les dentelles retombent en plis opulents. A voir cette jeune et jolie femme en un tel séjour, on se demande pourquoi son front ne porte pas la couronne et pourquoi la main de justice n'est point placée près d'elle sur quelque coussin de pourpre aux crépines d'or.

Tel quel cependant, ce portrait est une œuvre de mérite et qui renferme des morceaux d'une remarquable habileté. La tête est très-étudiée, les bras beaux et bien modelés. Les fonds se recommandent par une sobriété empreinte d'élégance. Il y a de l'air dans la toile et de la perspective dans les plans. Mais, — pourquoi toujours un mais? — Madame L... tombe vers la gauche d'une manière inquiétante. Je disais tout à l'heure qu'avec son palais de jaspe et ses atours pompeux, madame L... avait l'air d'une reine. — Ce devrait être la reine de Pise, à en juger par son dédain pour la perpendiculaire.

Je ne reparlerai pas de l'homme au chat et de l'homme aux livres. L'homme au chat compose sans doute des stances sur le charme du commerce des animaux. L'autre se recueille dans sa bibliothèque, en tenue de bal.

Ne les dérangeons pas. Aussi bien suis-je pressé.

Après M. Papin, M. Gibert. Je n'aime pas à décourager les gens, surtout lorsque, comme M. Gibert, ils méritent, à tant de titres, qu'on leur vienne en aide. Mais, franchement, puis-je louer le portrait de madame P...? Tons mous, lignes indécises, absence de modelé, incorrection même **du dessin**, voilà ce qui me frappe en cette toile. Heureusement que le portrait d'homme vaut mieux. Il a au moins de la solidité dans les chairs et de la sincérité dans les lignes. Mais, hélas! que toute cette peinture vulgaire est loin de l'art!

Mademoiselle Sermensan a envoyé un portrait d'homme d'une précision de rendu qui a sa valeur. L'œil est vivant. On sent que ce portait est ressemblant, mais d'une ressemblance *garantie*. La touche est d'une sécheresse extrême. Le peintre a cherché la vérité au détriment de toute interprétation individuelle et par conséquent de tout style.

Enfin, MM. Fournier et Pryou, tous deux élèves de notre école de dessin, ont exposé, le premier son portrait et le second celui de son père. Ces deux toiles sont d'un favorable augure pour l'avenir de leurs jeunes auteurs. Je souhaite à M. Fournier d'apprendre à mettre plus de lumière dans sa couleur ; mais en attendant, je le félicite de la grande sincérité de sa peinture et de l'étude sérieuse dont elle est le résultat. M. Fournier a de la race. Sa tonalité est trop grise encore, trop molle aussi ; mais elle a une harmonie qui fait penser aux œuvres de M. Couture, et qu'on se plait à trouver chez un débutant.

Quant à M. Pryou, c'est évidemment un garçon ardent et qui veut arriver ; si j'en juge par son tableau, il arrivera. Sa toile a des défauts qui disent haut l'inexpérience du jeune peintre. Mais, par bonheur, ces défauts-là s'en iront bientôt, et M. Pryou restera avec les solides qualités dont il fait déjà preuve. Quand on a reçu de Dieu une couleur solide et chaude, et qu'on sait faire rayonner vivement la lumière sur un front poli, il n'y a plus qu'à travailler avec persévérance. Le prix est au bout de l'effort.

V

GENRE

Les réalistes : **MM. Millet, Ribot,** *etc. — Les orientalistes :* **MM. Fromentin, Magy,** *etc. — Les stylistes :* **MM. Brion, Timbal, Curzon.** *— Les historiens :* **MM. Holfeld, Morris.** *— Les coloristes et les fantaisistes :* **MM. Monginot, Chazal,** *etc. — Les étrangers :* **MM. Anker, Jundt, Verwée,** *etc.*
Décoration : **MM. Chaplin, Froment, Antony Serres.**

Au moment d'aborder cette partie de mon sujet, je me sens, je l'avoue, fort embarrassé. Comment, en deux cents lignes, apprécier, même *grosso modo*, les deux cents tableaux que *le genre* a envoyés au Salon? Une ligne pour un tableau, c'est trop ou trop peu. Je ferai donc un choix et ne m'occuperai que des individualités les plus marquantes, sauf à payer, une autre année, l'arriéré de ma critique aux artistes que, faute de temps et d'espace, je me vois forcé de négliger cette fois.

On a dit que *le genre* était ainsi nommé parce qu'il comprenait tous les genres. Si vaste que soit un tel domaine, l'Exposition est là pour nous permettre de l'embrasser d'un coup d'œil. Sentiment, esprit, fantaisie, ballade, histoire, scènes de la vie intime, ethnologie, style, réalisme, tout s'y trouve ; les classiques, comme M. Güel, près des romantiques ; les vilains, comme M. Ribot, près des gentilshommes, comme M. de Curzon ; les Allemands, comme M. Jundt, près des Orientaux, comme M. Fromentin. Ils sont là, confondus, les représentants de toutes les manières et de toutes les données. M. Monginot fait briller sa palette ardente dans la même galerie où M. Courbet attriste de sa couleur sale son intérieur d'atelier. La *Belle Vénitienne* de M. Timbal sourit capricieusement en face des deux gaillards superbes que M. Brion a si magistralement bronzés du soleil des Espagnes. Les *Tireurs de l'arc*, de M. Dillens, s'inspirent d'un art méticuleux, non loin des empâtements et des fougues de M. Diaz. M. Lévy fait des Italiennes, et M. Antigna des Espagnoles. La *Coureuse de papillons*, de M. Gronckel, égaye sa couleur à la manière d'une porcelaine, tandis que M. Rousseau, avec sa tonalité solide et grasse, attire le regard et satisfait le goût. La

chandelle de M. Van-Schendel s'acharne à
brûler pour la plus grande gloire du trompe-
l'œil. M. Monfallet fait, suivant sa coutume,
papilloter des bonshommes, qui voudraient
avoir plus d'esprit qu'ils n'en ont. M. Berchère
continue son petit commerce de chameaux,
et M. Landelle son trafic de Napolitaines.

Que devenir dans ce bazar universel de la
Fantaisie et par où commencer l'inventaire de
ses richesses cosmopolites!

Eh! bien, tant pis! le réalisme aura les honneurs du premier feu; aussi bien est-ce une
des manifestations les plus saisissantes de l'art
contemporain et l'un des jours sous lequel il
s'affirme le mieux.

Deux noms dominent au salon le genre réaliste : MM. Millet et Ribot. Je veux, sur chacun d'eux, avoir le courage de dire ma pensée
tout entière.

M. Millet est, en vérité, un bien étrange artiste. Ne voyez de lui que le *Transport du veau*,
vous le prendrez en ridicule; regardez la *Tondeuse*, et vous le proclamerez un maître. Le
Transport du veau est grotesque, malgré certaines qualités que je ne conteste pas. Le petit

veau que l'on porte le long d'un mur bâti de citrouilles, ressemble, comme deux gouttes d'eau, à l'heureuse paysanne qui lui fait les honneurs du logis. La surprise qu'en éprouve la vache mère est manifeste. Comme il n'est point possible que les bras lui en tombent, (chez une vache, l'étonnement ne saurait aller jusqu'à produire un pareil phénomène), M. Millet s'est borné à lui faire tomber la tête du cou. Je ne parle ni du paysage sans perspective ni du reste, cela n'en vaut point la peine.

Mais la *Tondeuse*, quel tableau ! Celui-là, je le dis tout net, est tout bonnement un chef-d'œuvre, que n'importe quel musée devrait s'enorgueillir de posséder. J'entends dire de mille côtés : « Quoi ! vous admirez cette fille hommasse, avec sa peau hâlée ? Vous admirez ce mouton géant et ce rustre dont la face disparaît sous les bords d'un chapeau sordide ? » — Oui, j'admire cette fille et ce mouton et cet homme. Je les admire de toutes mes forces, sans parti-pris, soyez-en sûr, mais parce qu'ils sont puissants par la manière, puissants par la couleur, puissants par l'idée. Vous m'accorderez bien que la manière est large et qu'elle

procède d'une sorte de *maestria* empreinte,
ainsi que l'a dit récemment M. Philippe Burty
« d'une solennité imprévue. » Vous m'accorderez aussi que la couleur est à la fois vraie,
solide, sobre, pleine de relief et d'harmonie.
Reste l'idée. Où diable, m'allez-vous dire,
trouvez-vous dans ces laideurs une idée digne
de l'art? — Où? dans les proportions mêmes et
dans l'impersonnalité que l'artiste a données à
son œuvre. Ce n'est plus une fille d'étable, un
mouton, un fermier. C'est une race qui se ré-
vèle dans sa dure et forte poésie, la race du
travail rustique; cette race qui laboure au
grand soleil, fertilise le sol de ses sueurs bénies
et meurt attachée par le volontaire esclavage
des champs à la glèbe fécondée. Cette fille,
ce mouton, cet homme, c'est la grande page
d'une histoire mal connue : l'histoire des pay-
sans. A ce titre seul le tableau de M. Millet est
un tableau épique, et c'est par là surtout qu'il
m'émeut.

Après M. Millet, M. Ribot. Ici, je ne comprends plus. C'est le laid pour le laid, — chose
lamentable ! Hormis un certain moine, —
et quel moine ! — tout le reste me répugne

au dernier point. *Une tête de jeune fille?* —Couleur lie de vin! *Les chanteurs?* —Des saltimbanques au nez en pied de marmite, répétant, *ore rotundo*, la gueule en forme d'entonnoir, quelques refrains de tréteaux! Enfin *la Dinette interrompue?* Une enfant rouge, malpropre et plus horrible que les sept péchés mortels! Et cela serait du réalisme? Allons donc! c'est tout au plus du vilainisme! Je soutiens que le terme est poli.

Réjouissons vite nos yeux par l'éclat d'une nature moins déshéritée de poésie. Les orientalistes sont là, qui font miroiter dans leurs cadres les sables de l'Afrique et le ciel de l'Asie. Ils vont nous réconcilier avec la création.

J'ai nommé tout à l'heure M. Fromentin. Il n'a pas la verve enragée de Decamps, ni son grand style; mais on ne saurait trouver un artiste de plus d'esprit. Ses *Fauconniers* ont un mouvement dont le brio égale la justesse. Ses terrains fuient à perte de vue. Sa couleur est transparente sans cesser d'être solide et chaude. Je ne sais aucun peintre qui allie un plus vif sentiment du vrai à une plus entière originalité.

A la suite de M. Fromentin, s'éparpille, au Salon, tout le bataillon des tirailleurs algériens de l'art : M. Armand-Dumaresq, avec ses pâtres kabiles ; —M. Berchère, avec ses chameaux de pacotille ;—M. Magy, avec son chevrier de Ben-Ackmoun ; — M. Pasini, avec ses *cavaliers* Kurdes et M. Tournemine avec ses cavaliers arabes. Enfin M. Philippoteaux, quittant la plaine pour la rue pittoresque, nous montre un coin d'Alger fait pour ravir les amateurs de couleur locale.

Il entre, je le sais, beaucoup de convention dans ces peintures exotiques, dont il nous est, au surplus, malaisé de contrôler le mérite ethnographique. Pourtant il se dégage de certaines toiles un parfum de sincérité qui fait rêver aux pays de soleil. Tel est le sentiment que le *Chevrier* de M. Magy a fait naître en moi. On pourrait assurément critiquer bien des morceaux dans cette œuvre d'un peintre qui cherche encore son procédé et sa manière : mais il a du moins une honnêteté d'interprétation et en quelque sorte une naïveté d'impression que j'aime à trouver chez l'artiste. La sincérité est une vertu

pour laquelle on ne saurait avoir trop de dé-
férence.

Toutefois et d'une manière générale, il ne
faut pas se montrer trop complaisant pour ces
excursions systématiques aux plages africai-
nes. Si quelques artistes convaincus y sont en-
traînés ou par une sorte d'appétence de chaleur tropicale ou par je ne sais quel besoin
d'extatique rêvasserie la plupart n'y vont et
surtout n'y retournent que dans un intérêt de
facile achalandage. C'est là une tendance contre laquelle il est bon de réagir. Pour un Fé-
licien David ou un Decamps, combien de mu-
siciens ou de peintres qui ne se livrent à la
traite du nègre qu'à raison des produits
de ce genre d'industrie. L'Europe est assez
riche en types divers. Pourquoi se complaire
toujours à épater de grosses lèvres sous un
nez camard en plein visage de Kabyles !
Le principal écueil de cette prétendue fantaisie est trop souvent de dispenser la peinture
de toute préoccupation de style, comme si
l'art ne se rapetissait pas au fur et à mesure
qu'il s'en éloigne.

Revenons donc à des œuvres qui nous rap-

procheront davantage de l'idéal, soit par l'élévation de la pensée, soit par la noblesse de
l'interprétation. Au premier rang de ces œuvres se place la *Quête au loup*, de M. Brion;
tant il est vrai que le sujet ne fait pas le tableau et qu'il n'est point de guenilles que l'art
ne puisse rendre glorieuses, comme la guerre!
Les deux bandits que M. Brion a campés avec
tant de crânerie « à l'affût de la charité pu-
blique, » sont assurément d'une rare couleur
et d'une science consommée. Il faut seulement s'étonner qu'ils n'aient point d'yeux.
C'est une chose bizarre que cette absence
presque constante de regard dans les figures
que M. Brion modèle d'une main pourtant si
habile. Reste toujours que M. Brion est un artiste éminent et que ce n'était point nous
montrer trop facile aux tableaux de genre
que de désirer, pour notre musée, l'ac-
quisition par la ville de la *Quête au loup*. Par
malheur, tandis que nos conseillers munici-
paux perdaient leur temps en académiques
oraisons qui certes ne pouvaient rien ajouter
à l'excellent rapport de M. Sourget, le musée
de Mulhouse a été droit au but, et il a fait

l'affaire. Espérons que la leçon profitera à nos édiles beaux-diseurs, et qu'à la place du Brion on accrochera le Millet dans notre galerie municipale. Alors du moins nous serons plus que consolés.

La *Vénitienne* de M. Timbal, la *petite fille de Gulinaro* de M. de Curzon et la *fontaine d'Anso* de M. Antigna sont des œuvres où l'on sent comme un reflet du grand art, bien qu'elles appartiennent franchement au genre. La toile de M. Timbal se recommande surtout par un ensemble magistral de qualités très-élevées et très-personnelles. Tout est harmonieux dans cette étude d'une originalité saisissante, et la gamme de sa carnation rutilante et l'espèce de charme archaïque de ce damas à grands ramages qui sauve mal les maigreurs d'une poitrine grêle. M. Timbal est un artiste de grande race et de grande idée. C'est un Florentin ressuscité, et en même temps un tempérament fort spiritualiste. Par le coloris et par l'esprit, sa *Vénitienne* procède de ce double caractère.

La *Petite fille de Gulinaro* montre M. de Curzon sous un jour qui ne lui est point entière ment favorable. Je préfère ses paysages et m'en expliquerai plus tard. Cependant il n'est pas possible de ne pas admirer l'élégance sobre, la manière discrète et l'harmonie de cette peinture. Elle reproduit, en dépit de quelque fadeur, la distinction sans afféterie et le sentiment délicat et aristocratique qui dominent d'habitude les œuvres de l'ancien pensionnaire de la villa Médicis.

Quant aux Aragonnaises de M. Antigna, elles ont eu l'an dernier un grand et légitime succès. C'est une scène charmante, dessinée avec finesse et baignée d'une couleur blonde, qui séduit doublement.

La *Marie-Antoinette* de M. Holfeld, est, dans une toute autre donnée, une peinture digne d'être louée. Si l'histoire de nos jours ne faisait point obstacle à l'expression du grand art par mille exigences de détails et par toutes les spécialités nécessaires à la vérité contemporaine, cette toile aurait eu des titres à être classée ailleurs que dans le pêle-mêle du genre. M. Holfeld est un artiste de grande conscience, qui a fait de bonnes études et a appris aux leçons de M. Abel de Pujol les traditions de l'art sérieux.

Le *Louis XI* de M. Morris est d'une tonalité rouge aussi uniforme que la *Marie-Antoinette* de M. Holfeld est d'une gamme grise. Le roi, l'astrologue Galéotti, les meubles, les tapisseries, les accessoires, tout est rouge, d'un rouge qui passe du rose diapré au violet le plus sombre, par toute une série, d'ailleurs assez harmonieuse, de dégradations à l'infini. Le tableau de M. Morris m'a semblé curieux à étudier, à raison de cette tendance évidemment maniaque de l'œil qui, chez quelques hommes, s'entête à voir partout une même couleur. Cela doit dépendre d'un état spécial de la rétine ou du nerf optique, et c'est le cas de dire que l'artiste, affligé d'une telle berlue, est plus à plaindre qu'à blâmer. M. Morris a mis du reste dans son tableau beaucoup d'étude et d'honnêteté : c'est une de ces toiles que l'on voudrait pouvoir encourager, mais où, malgré certains mérites, on ne trouve pour l'avenir aucune promesse de mieux.

Que de noms sollicitent encore ma plume ! Je voudrais revenir sur la belle toile de

M. Monginot, cette page qui eut l'an dernier les honneurs d'une médaille, et où l'éclat de la couleur arrive à une intensité presque excessive. Je voudrais parler du *Germain-Pilon* de M. Chazal, ce tableau inégal, où, à côté de défauts manifestes, certains morceaux veulent être signalés comme tout à fait des meilleurs. Je voudrais parler de dix autres toiles fantaisistes ou sentimentales, depuis la *Partie sous les cloches*, de M. Gouézou, jusqu'à l'*Hésitation entre le bon et le mauvais chemin*, de M. Delfosse (!!!) Je voudrais... mais il faut en finir et les étrangers sont là, à qui je dois faire bon visage.

Laissez-moi donc en toute hâte prendre congé de MM. Anker, Jundt, Kate, Verwée et compagnie. Ils viennent de loin et je ne veux point qu'ils emportent le regret de m'avoir trouvé sur leur route. La *Fille de l'hôtesse* montre que M. Anker peut se tirer avec honneur des difficultés d'une grande composition. M. Anker est aujourd'hui plus Parisien que Suisse; il garde cependant un faire qui rappelle une origine étrangère. Il y a dans son tableau un sentiment de douleur sagement exprimé : « Je t'aimais, pauvre front qui penche!... » La ballade a des larmes dans la voix et le peintre a su s'inspirer de cette poésie de la mort.

Le *Départ des mariés*, de M. Jundt, m'a séduit par son originalité. Faites peindre ce sujet par un Français, il sera sûrement maniéré à l'excès. Sous le pinceau de M. Jundt, il n'est que naïf. C'est comme cette bonne joie allemande, décolorée, bonace, mais dont le franc rire cache toujours une pointe intime d'exquise sensibilité. Les mariés quittent le toit paternel. D'un côté, le vague d'une nuit à peine blanchie par un rayon de lune ; de l'autre, la rouge clarté des lumières, tamisée par les vitres épaisses des fenêtres à réseau de plomb. C'est charmant. On se prend à rêver au bonheur prochain de ces mariés empanachés. En France nous aurions fait sourire les amateurs de grivoiseries. M. Jundt nous attendrit. C'est un Allemand... de Strasbourg.

La *Rose* de M. Verwée m'aurait jeté en un cruel embarras, s'il m'avait fallu en dire du bien avant d'avoir lu l'article que M. Burty vient de publier sur l'Exposition de Bordeaux.

Là où M. Burty a vu « une scène charmante
dans son réalisme, » il faut qu'il y ait autre
chose qu'un méchant tableau, d'un sentimen-
talisme bourgeois et trivial. J'ai donc tort et
fais mon compliment à M. Verwée. Celui-là, du
moins, ne m'accusera pas de lui tenir rigueur.

Mais les paysagistes m'attendent, et le salon
va bientôt se fermer....

Eh bien! les paysagistes attendront, car
je ne puis oublier qu'une des expressions
les plus aimables de la peinture de genre,
c'est la décoration, et qu'elle est représentée
au Salon par des œuvres considérables : la
Colombe de M. Chaplin, les grisailles de
M. Froment et l'idylle de M. Antony Serres.

M. Chaplin est assurément un habile homme.
Il a une couleur à la fois légère et papillo-
tante. Il fripe le satin à ravir et barbouille de
carmin les joues de ses mythologies, avec un
brio tout à fait réjouissant. La *Colombe* de ce
délicat a beaucoup de succès et je le comprends. C'est un art qui manque de conscience
et qui n'a rien de sérieux, mais c'est un art
pimpant, spirituel, d'un ragoût aristocratique,
et bien propre à orner les boudoirs de toutes

les puissances de ce monde : puissances de rang, de fortune et de beauté.

Quant aux grisailles de M. Froment, c'est une autre affaire. Il y a dans ses dessins discrets et comme diaphanes non-seulement un talent supérieur, mais un sentiment exquis du décor, joint à une foule de qualités également coquettes et sérieuses. M. Froment est un dessinateur hors ligne, qui possède tous les secrets du nu et a puisé aux sources campaniennes une sorte de style à la fois naïf et savant qui amuse et séduit tout ensemble. On conçoit que cet artiste doive être un admirable peintre sur porcelaine et que la manufacture de Sèvres ait tenu à honneur de se l'attacher.

M. Antony Serres vient à la suite ; *haud passibus æquis*, cela va sans dire. M. Serres est Bordelais, et à ce titre mes sympathies lui sont acquises ; pourtant elles ne vont pas jusqu'à me faire admirer son idylle. On aimerait pour l'artiste une *Jeunesse* plus orageuse. Celle de M. Serres est d'une sagesse qui ne promet rien de bon ; je n'y trouve, ni dans l'idée, ni dans l'action, ni dans le modelé, ni dans la couleur, cette passion pénétrante dont vit toute poésie. M. Serres a de la main, personne ne le contestera; mais combien tout cela manque de sincérité, d'individualisme et d'ampleur ! Que M. Serres prenne donc une bonne fois la nature pour maître, et qu'il se condamne à faire tout simplement de la peinture honnêtement étudiée. C'est pour lui surtout qu'il faut dire : hors de la nature point de salut !

Et maintenant j'arrive aux paysagistes.

VI.

PAYSAGE.

§ I. — COUP D'ŒIL D'ENSEMBLE

Le Naturisme : — Réalistes, brutaux et porcelainiers : **MM. Daubigny. —
Schampheleer. — Blin. — Courbet. — Bavoux. — Lapito. —
Koekkoek. — Keelhoff.**
L'Idéalisme et le *Pseudo-Idéalisme* : — Poète : **M. Corot.** — Décorateurs
et Technistes : **MM. Lanoüe. — Ponthus-Cinier. — Chintreuil** —
Le Style : — **MM. de Curzon — Paul Flandrin.**

Le dirai-je ? C'est pour le paysage que je
garde, en peinture, mon affection la plus ten-
dre. C'est lui qui me tient le plus au cœur et
satisfait le mieux mon sens intime. Si j'avais
su manier le crayon ou le pinceau, j'aurais
éprouvé, je crois, un bonheur sans fin à m'é-
garer le long des sentiers en fleurs, ou dans
les clairières ensoleillées ; près des eaux à
moitié cachées par les roseaux sonores, ou
dans les landes rousses ouvrant çà et là le
parasol de leurs pins odorants. J'aurais suivi
avec ravissement les mille jeux de la lumière
dans un ciel tout moutonné de légers nuages

et de l'ombre étendant sur les prairies diaprées les pâles silhouettes des peupliers. J'aurais, avec un transport égal, livré mon âme aux deuils de décembre. Un noyer tordant ses branches dépouillées où la corneille vient se poser, un buisson tout hérissé de givre, une ramée blanchie par la neige, m'auraient trouvé aussi fidèle amant de leurs tristesses, que l'Été de ses splendeurs. Partout et toujours je me serais senti fasciné par ces ineffables harmonies de la nature que nos pères ne comprirent point, et qui, semblables à l'enivrant parfum des foins coupés, se dégagent avec tant de force des moindres brins d'herbe de la création !

Mais hélas ! je n'ai appris à manier que la plume, et la prose ne peut rien pour exprimer les sentiments que ces harmonies éveillent en moi. Il faut donc m'en tenir à mon rôle de critique. Pauvre rôle en vérité, et qui est bien peu de chose à côté des joies de l'artiste ! C'est surtout en face du paysage que l'amertume de cette pensée m'envahit et me déborde. Comme je souffre alors de mon impuissance à être moi-même, et comme je donnerais, si riche qu'il soit, tout le bagage littéraire d'un Théophile Gautier ou d'un Saint-Victor, pour le facile procédé d'un rapin de troisième année!

Je viens de dire, à l'honneur de notre siècle, qu'il avait enfanté la grande école paysagiste qui nous a valu tant de chefs-d'œuvre. C'est en effet un souvenir qu'il est bon de rappeler et dont il nous est permis d'être fiers. Il y a trente-cinq ou quarante ans, le paysage était encore un art tout de convention, amalgamant le décor classique avec les traditions de la mythologie; un art pour qui chaque arbre n'était que la frondaison de quelque hamadryade, et qui disposait régulièrement ses perspectives solennelles pour y profiler un temple dorique, ou ses clairières systématiques pour y mouvementer à la grecque un Méléagre sauvant une Atalante des fureurs du sanglier d'Etolie

On en était là, et M. Brascassat, tout jeune alors, achevait à peine le tableau qu'il envoya à Rome et que M. de Peyronnet donna au Musée de Bordeaux, lorsqu'un novateur imberbe, qui était un vrai poëte, Cabat osa exposer une *Mare aux Canards*. Le paysage moderne était né : ce paysage qui allait revêtir deux expressions si dissemblables, mais l'une et l'autre si fécondes et qui devaient inspirer, côte à côte, un Corot et un Daubigny.

Le paysage moderne a donc débuté par le *naturisme*, je veux dire la traduction sincère sinon de la réalité, du moins de l'impression que la réalité fait sur nos organes et sur notre esprit.

Le grand *naturiste* pour moi, c'est M. Daubigny; il a dépassé M. Théodore Rousseau lui-même. Je ne connais point de peintre qui ait un plus juste sentiment du vrai, et qui peigne d'une manière à la fois plus libre, plus vigoureuse et plus grasse. Il met d'ordinaire dans ses ciels une exquise fluidité et dans ses verdures une rare puissance de coloris et de sève. Si cette année les *Bords de la Cure* ne permettent pas de juger le maître sous son jour le plus favorable, toutefois il n'est pas possible de ne pas voir dans ce tableau les grandes qualités de brosse, d'énergie et de vérité qui distinguent son auteur.

A la différence de M. Daubigny, je citerai M. Schampheleer comme un des peintres que le naturisme a, cette fois, le mieux inspirés. Il y a dans sa *Fenaison* une conscience extrême, une entente très consommée de la lumière dans le feuillage et une ampleur de touche qui a beaucoup de solidité et de vie. Ses *blés*, moins complets comme tableau, sont baignés de clartés blondes et fuient avec beaucoup d'air et de transparence au bout du sentier joyeux qui se creuse au premier plan. M. Schampheleer n'a point encore la notoriété à laquelle il me paraît avoir droit ; qui sait si cette notoriété ne couronnera pas bientôt les efforts de ce talent modéré il est vrai, mais très-juste, très-harmonieux et très-aimable ?

Avec M. Blin le naturisme va jusqu'à la rusticité ; c'est l'impression toute crue, sans aucune nuance de traduction personnelle.

Son *Dessous de bois*, que la Société des Amis des Arts a eu le bon esprit d'acheter, est une étude d'une rare science et d'une prodigieuse fidélité. On est sous la ramée ombreuse, en quelque endroit perdu de la forêt, près de la source ignorée, où peut-être les chevreuils ont coutume de se désaltérer. Le taillis est presque impénétrable au soleil lui-même et les pierres du ruisseau sont toutes couvertes d'une mousse humide. M. Blin est un dessinateur habitué à se jouer de toutes les difficultés et un peintre qui s'est acharné à s'assimiler tous les secrets de la nature.

Poussez la rusticité à l'extrême et vous aurez M. Courbet, et avec lui ceux que le public désigne le plus habituellement sous le nom, fort impropre en ce sens, de réalistes. Un pas de plus, et de Courbet vous tombez en Bayoux, c'est-à-dire en pleine rage. Pauvre nature! Comme la voilà accommodée! *Disjecti membra poetæ!*

Ce n'est point assurément que sous l'exagération de ces brutaux, il n'y ait parfois de grandes et sérieuses qualités; elles éclatent par exemple dans la *Roche* de M. Courbet; mais pourquoi, de parti-pris, s'en tenir à l'ébauche? Ces masses de grès, qui projettent sur un gazon à peine accusé l'ombre dure des nuages qui surplombent, perdraient-elles quelque chose, comme effet de vérité ou de couleur, à être traitées d'une manière moins sommaire? Je veux bien croire qu'il y ait des désordres dignes de l'art, mais non point celui qui tend à confondre les localités, les lumières et les apparences au profit d'un sentiment général sans clarté et sans précision. Considéré à ce point de vue, M. Courbet est le moins réaliste des peintres, car il sacrifie à la violence de l'impression tout, jusqu'à la vérité.

Si le naturisme peut, en passant par la rusticité, arriver jusqu'aux fureurs de M. Bavoux, il peut, en passant par les miévreries de l'école porcelainière, arriver jusqu'au frottis de M. Lapito. Celui-ci n'est pas moins systématique et sa rage est égale; seulement, c'est une rage de détails et un système de patience. Tout est si bien en lumière dans ses tableaux, que l'ensemble y papillote d'une façon qui me donne envie de me sauver. S'il peint, au bord d'une onde transparente, les mille plantes qui couvrent d'habitude de leur végétation luxuriante les berges humides et les terrains gras, du premier coup d'œil on reconnaît l'espèce de chacune et les botanistes y mettraient le nom. M. Lapito serait malade, s'il oubliait un poil à une tige de tucilage ou une foliole à un trèfle d'eau. Quand il fait un arbre, on sait tout de suite l'âge qu'il a. Et pourtant M. Lapito est un peintre d'un talent incontestable, mais d'un talent qui vit sur des pointes d'aiguille et pousse la conscience bien au delà de cette limite où commence la puérilité.

M. Lapito a cependant un maître! et c'est à M. Koekkoek qu'appartient l'honneur de marcher à la tête des porcelainiers. Son tableau est à n'y pas croire; j'en suis à chaque fois plus abasourdi. Il y a là un grand chène, vieux comme Hérode, dont les plus petits ramuscules sons traités avec autant de soin que le tronc lui-même, et cela n'est pas peu dire. Au pied de ce chène, il y a des herbes microscopiques dont, avec une loupe, M. Petit-Lafitte distinguerait certainement les variétés. Le château féodal, qui est à gauche, dans le fond, aurait l'air d'être de liége s'il n'avait point cette couleur diaprée et luisante que la cuisson donne aux peintures mélangées de fondant et glacées d'un vernis translucide. Il y a pourtant une science incontestable et des mérites vrais dans le tableau de M. Koekkoek; mais quel art, bon Dieu, et quelle absence de sentiment ! On est tenté de chercher dans la toile, tout en haut de la tour gothique, le cadran émaillé qui dit les heures avec accompagnement de boîte à musique.

Revenons au naturisme dont nous voilà loin. Un porcelainier m'en a détourné, un porcelainier m'y ramènera. M. Keelhoff est un grand peintre, et son *Etang* est, à coup sûr, un des plus beaux tableaux de l'Exposition. Il allie avec grandeur la finesse de l'impression au soin le plus extrême du procédé; mais l'impression domine, et c'est par où M. Keelhoff est le plus digne d'être admiré. Il y a dans sa toile des arbres superbes, des eaux charmantes où les vaches paissent et se désaltèrent au milieu des nénuphars; il y a des horizons pleins de profondeurs et des perspectives baignées d'air et de soleil qui donnent au tableau une espèce de majesté calme et de solennité un peu théâtrale, mais cependant encore réaliste. Voilà donc M. Keelhoff qui va me servir de transition pour passer au paysage idéaliste, comme déjà il m'a servi de trait d'union entre la porcelaine et la nature.

Tandis que le *naturisme* ne se préoccupe que d'être la traduction, simple ou brutale, méticuleuse ou large du monde réel, l'*idéalisme*, en s'inspirant du sentiment de l'artiste, imprime au paysage un parti-pris d'intention et peut quelquefois l'élever jusqu'au style.

Entendu ainsi, l'idéalisme est poésie. Nous allons voir que, parmi les paysagistes contemporains, les poëtes ne le cèdent pas aux réalistes.

Mais d'abord constatons que l'idéalisme suit deux voies très-différentes et revêt par là même deux expressions opposées, bien qu'unies entre elles par un commun effort à dégager « l'essence divine cachée au sein de la nature. »

Les uns, esclaves du vrai jusque dans les sphères de l'imagination, sont poëtes par le choix seulement de leurs paysages, la mélancolie, la tendresse ou l'horreur de leurs sites préférés, la couleur et la composition de leurs ciels, les effets de lumière par lesquels ils répandent en quelque sorte le jour de leur âme sur la précision naturiste et la sincérité de leurs tableaux.

Les autres, plus personnels encore ou plus fortement dominés par l'idéal, se font une nature à eux, ou du moins interprètent celle du bon Dieu dans le sens de la passion qui les déborde. Absorbés par leur propre émotion, ceux-ci tendent ouvertement, dans leurs œuvres, à effacer plus ou moins la réalité au profit soit de l'impression, soit de l'idée.

Les premiers, à la tête desquels il conviendrait peut-être de nommer M. Français, qui ne nous a rien envoyé cette année, se recrutent parmi les meilleurs de la jeune génération, ceux qui semblent avoir le plus de sève et le plus d'originalité.

Les seconds, moins nombreux, ont l'honneur de compter dans leurs rangs le maître ès-poésie du paysage moderne, M. Corot. Quelle grâce pénétrante dans son *Orphée!* quelle séduction dans cette peinture limpide et dans les douces harmonies de sa gamme presque monochrome! Une lumière argentée baigne de teintes éthérées les arbres Elyséens et s'accroche en tremblottant dans leurs feuillages qui frémissent. M. Théophile Gautier a dit quelque part qu'autour des paysages de

Corot « flottait une atmosphère suave comme une tunique de gaze autour du corps d'une jeune nymphe. » Cela est ingénieusement trouvé et rend admirablement l'impression de tendresse et de pureté qui naît des vaporeuses indécisions de l'artiste. Elles ont une fraîcheur rare et voilent la science consommée de leur exécution sous une espèce d'ineffable candeur. On y sent comme un parfum d'églogue et comme le charme rajeuni d'une pastorale virgilienne. Si bien qu'on s'émerveille de trouver tant de jeunesse naïve et tant d'épanouissement dans le cœur et sous la main d'un peintre septuagénaire !

Voilà certes le dernier mot du paysage poétique, le voilà dans son acception la plus élevée et la plus immatérielle. Mais que de périls pour le jeune peintre qui voudrait, à l'exemple du maître, tout envahir ainsi, même le vrai, d'une expansion de poésie !

C'est que, en effet, toute médaille a son revers et qu'un pseudo-idéalisme vient trop souvent gâter le vrai, comme l'esprit qu'on veut avoir, celui qu'on a. Cet idéalisme suspect, qui est une ambitieuse dégénérescence de l'autre, se traduit sous deux formes principales : la tendance au décor et la manie de la technique.

La tendance au décor est l'écueil de la poésie naturiste, celle qui veut être sincère tout en s'inspirant de l'idée. M. Lanoüe en est, entre tous, la victime. C'est un de ces artistes qui trouvent toujours dans un paysage prétexte à une mise en scène théâtrale. Cette fois encore, lorsque, dans un tout petit panneau, il veut peindre d'après nature quelques pins francs des *environs de Cannes*, il reste coupable de décor. Et M. Ponthus-Cinier ! Son panorama de *Saint-André-sur-Suran* sacrifie toute justesse et toute honnêteté à je ne sais quelle ombre de grandeur qui lui fait lâcher sa proie.

La manie de la technique constitue un autre danger auquel, de nos jours, plus d'un paysagiste n'a pas su échapper. C'est la préoccupation d'un effet donné et le parti-pris de saisir par le procédé et de fixer presque mécaniquement sur la toile de poétiques, mais d'insaisissables réalités. La technique est donc, à tout prendre, un vice qui procède d'un faux naturisme en même temps qu'il menace de substituer la

formule à la vraie poésie. M. Léon Lagrange
en a spirituellement plaisanté à propos de
M. Chintreuil, cet artiste bizarre qui nous en-
voyait jadis des *prairies, effet du matin, et des
solitudes, effet du soir*, dont j'ai gardé un vif
souvenir : « O triomphe de l'impression ! dit
» M. Lagrange, qu'avons-nous à faire des
» procédés d'autrefois? Un pré, un soleil, un
» brouillard, est-ce que cela se dessine?
» Désormais l'on change d'idéal. Faire un
» noir, faire un blanc, c'est le sublime de
» la grande peinture. De même le paysage de
» l'avenir arrivera à nous donner, au lieu du
» *Passage de la Mer Rouge*, « le passage de
» l'aurore au jour, » et à la place de la *destruction de Sodome*, « la destruction des lo-
» calités envahies par les voleurs ! » Bou-
tade amusante et qui a un grand fond de
raison, bien que les conquêtes futures de la
technique sur l'art véritable soient moins à
redouter que M. Lagrange ne paraît le croire.

Par contre, un heureux mélange de conscience et de sentiment peut conduire le paysagiste jusqu'aux régions élevées du style. C'est
ainsi qu'avec M. de Curzon et ses horizons vé-

suviens, le paysage revêt une remarquable
ampleur de lignes, et cette grandeur dont on a
pu dire qu'elle était «une qualité de l'esprit.»
Peintre religieux, de genre ou de paysage, M.
de Curzon est toujours le même homme, cour-
tisan résolu de toutes les nobles élégances de la
nature, et poursuivant avec beaucoup de savoir et de goût la pratique du beau dans son art.
C'est un artiste pondéré par tempérament et
qui reste très-esclave du vrai, tout en se préoc-
cupant constamment de l'idéal. Aussi vit-il
volontiers sur les ruines de la Grèce ou parmi
les campagnes latines, parce que là l'idée a
sa place marquée par les siècles et qu'on y
trouve, allié à la solennité des formes, l'im-
périssable attrait des grands souvenirs.

Mais le style lui-même a son mauvais côté,
et M. Paul Flandrin s'est chargé de le mettre
en saillie dans son paysage poussinesque. Pourquoi ces femmes au galbe antique, qui, d'un
bras arrondi, soutiennent sur leur tête l'am-
phore classique? Pourquoi ces grands arbres
qui, suivant un mot pittoresque, « ont fait
leurs classes et se souviennent de Tityre? »
Vous cherchez dans l'arsenal de vos souvenirs

de collége quel peut être ce bois sacré fait pour le plaisir des dieux? Eh bien ! il s'agit tout simplement *des bords du Gardon*. Nîmes la romaine a beau être tout près, ce n'est pas une raison pour accommoder ainsi toute la nature suivant les règles d'un style de convention, comme on ferait d'un discours de distribution des prix.

MM. Burnier. — Huberty. — Stevens. — Papeleu. — Wagrez. — Mademoiselle Beernaert. — MM. Fourmois. — Kindermans.—
Roëlofs. — Van Deventer. — De Cock. — Jonckind.
Castan. — Sutter.
Hanoleau. — Antiq. — Pron. — Auguin.
Fanart. — Groiseilliez. — Héreau. — Appian. — Diaz.— Gassies. Jules Dupré. — Pradelles.
Charpentier. — Claveau. — Jules André.
Busson. — Caillou.
Breton. — Barbara.— Lansyer.
Madame Nivet.-Fontaubert. — MM. Joannin. — Chaigneau. — Chabry.
Georges Saal.
Viot. — Chardin. — Gosselin. — Déjardin. — Fournier. — Marionneau.

J'en ai fini de ce coup d'œil d'ensemble jeté sur le paysage contemporain, tel que je l'ai trouvé représenté au salon par des types nettement définis. Il va sans dire que ces points culminants de la chaîne sont reliés entre eux par mille chaînons qui servent comme de degrés pour passer de l'un à l'autre. Pourtant et bien qu'une foule d'artistes soient comme autant de transitions vivantes entre ces types divers, je veux essayer de classer nos exposants et le ferai à raison de leur aptitude ou de leur manière dominante.

Sous la bannière des naturistes marchent résolûment les Belges et les Hollandais. Ils se souviennent qu'ils sont nés sous le ciel qui vit grandir Ruysdaël ; Ruysdaël, ce maître prodigieux qui, deux siècles avant nos paysagistes d'aujourd'hui, s'était fait « le peintre des élégies de la nature » ; Ruysdaël, l'auteur immortel de ce *buisson* qui est une des richesses de notre Louvre ; Ruysdaël plus grand qu'Everdingen lui-même et qui a inspiré à M. Charles Blanc de si belles pages dans son *Histoire des peintres.*

Il y a des qualités qui forment le caractère et sont comme l'empreinte de certaines races privilégiées. Les artistes d'Outre-Rhin sont sincères et se plaisent à l'intimité du sentiment. C'est pour les Belges et les Hollandais une sorte d'idiosyncrasie. MM. Burnier et Huberty sont Belges, et leurs tableaux le disent à leur honneur. M. Stévens échelonne avec une conscience méticuleuse ses arbres et ses clairières, dans sa jolie *coupe de bois.* M. Papeleu lui-même n'a point oublié sa patrie dans l'atelier de M. J. Dupré, et M. Wagrez, qui est de Douai, mériterait d'être le compatriote de M. Papeleu, à voir comme ils interprètent d'une façon fraternelle leurs grands *Intérieurs de Forêt.* Mademoiselle Beernaert peint finement et avec des délicatesses et des discrétions de coloris qui n'ôtent du reste à ses paysages ni le sentiment ni l'ampleur. Par contre, M. Fourmois empâte sa couleur et la brosse avec une énergie qui va jusqu'à la rudesse, tout en lui laissant je ne sais quelle teinte un peu porcelainière. Enfin, M. Kindermans expose un certain *Village des Ardennes*, qui, par la simplicité de sa composition, le charme de sa couleur, la grande habileté de sa perspective et l'absence absolue de toute prétention au style, est l'expression la plus tranchée de ce que j'ai appelé le naturisme.

Les Hollandais sont moins nombreux, mais excellents. Le paysage de Gueldre de M. Roëlofs semble, par son honnêteté charmante, être « un trou dans le mur. » M. Van Deventer cherche un certain flou qui l'achemine vers la mollesse. M. de Cock semble viser à se rapprocher de M. Jonckind, et ce dernier a pris au contact de la furie française une touche de plus en plus brutale et spirituelle ; j'y reviendrai plus tard quand je m'occuperai des mariniers.

A côté de ces naturistes étrangers se pla-

cent MM. Castan et Sutter, tous deux Génevois ;
le premier qui a une couleur solide et claire,
mais qui devrait bien mettre dans ses ciels plus
de fluidité ; et le second dont la touche a une
regrettable sécheresse ; — puis des Français :
M. Hanoteau, qui déconcerte le regard par
l'intensité de sa couleur et durcit à force de
soleil les contours de sa *Maisonnette* blanche
et de ses arbres presque noirs ; M. Ponthus-
Cinier, quand par hasard il ne fait pas de la
décoration ; M. Antiq, ce délicat qui a, pour
peindre les transparences de l'aube, une si
gracieuse palette ; M. Pron, un élève de
M. Lapito, qui, mieux que son maître, a su se
garder de la mièvrerie de la couleur et peint
avec solidité des animaux de bon aloi dans
des pâturages bien fuyants ; d'autres encore et
parmi eux M. Auguin, ce Bordelais dont je
suis heureux de constater les progrès véri-
tables et qui, s'il continue, deviendra bien
vite un paysagiste de talent.

Le groupe des rustiques et des brutaux
commence en Fanart et finit en Groiseilliez ;
c'est-à-dire qu'il parcourt tous les modes in-
termédiaires entre l'énergie réaliste de la fac-

ture et ce genre de pochades qui supprime toutes choses, surtout le dessin, pour se pré-occuper seulement de ce qu'en termes d'ate-lier on appelle « les valeurs, » ou bien encore « la localité des tons. »

Bien qu'en général les brutaux aient (té-moin M. Héreau) plus de solidité que de cou-leur, plus de franchise que d'éclat, cepen-dant MM. Appian et Diaz jouent tous les deux avec le soleil : M. Appian, pour lui emprunter l'intensité violente et le relief un peu dur de sa lumière; M. Diaz, pour lui dérober un rayon, qu'il fera, suivant sa coutume, clapo-ter dans une futaie plus ou moins indéchif-frable.

De M. Diaz (ne point confondre avec M. Gas-sies, son imitateur), de M. Diaz à M. Jules Dupré il n'y a pas loin. Mais rendons à M. Du-pré cette justice qu'il a des empâtements plus diffus et une manière plus exorbitante encore et plus malpropre de barbouiller sa couleur et d'en faire comme une crème brû-lée qui se serait figée sur la toile.

Avec M. Dupré, nous sommes en plein dans le clan des enragés. Quand M. Courbet vous aura fait voir son *Moulin à eau*, vous pourrez tirer l'échelle : ce n'est plus de la peinture, c'est de la mystification.

Près de ces ébaucheurs sans vergogne, M. Pradelles me paraît bénin. Son *Zouave*, comparé aux soldats de M. Bellangé fils, m'avait semblé immonde. Rapprochés du paysage de M. Dupré ou du moulin de M. Courbet, ses *Lever de Lune* et ses *Coucher de Soleil* me semblent sages et réjouissants. Et pourtant je vous assure qu'il ne faut point les regarder de trop près. C'est à se demander si M. Pradelles ne peint pas avec une cuillère !... Mais, sous cette exécution excentrique et forcenée, M. Pradelles met, quand il fait du paysage, un sentiment tres-personnel et très-réel de certains aspects attristés de la nature. A ce titre, je préfère de beaucoup ses paysages à ses tableaux de genre ; on sent là qu'avec quelque chose de plus, et surtout quelque chose de moins, M. Pradelles aurait pu avoir du talent.

Mais voici que l'excès d'un mal va nous jeter dans un pire. Quitter l'ardeur de M. Pradelles pour s'exposer à la frigidité de M. Char-

pentier, il y a de quoi attraper un coup d'air.
Si j'étais M. Lapito, je prierais tous les jours
le Dieu de la porcelaine de donner longue vie
à M. Pron et de tuer tout de suite M. Charpentier. M. Charpentier est le châtiment de
M. Lapito.

M. Claveau, qui est bordelais, vaut in-
finiment mieux. Il a un faire plein de faci-
lité, une couleur très-joyeuse et beaucoup de
finesse dans les détails. *La jeune famille, à Mé-
rignac, les Bords de la Garonne,* sont des tableaux fort bien faits, ma foi, et qui révèlent
de la part de leur auteur une entente très-
consommée du procédé. Qu'y manque-t-il
donc? Le parti-pris, qui sacrifie volontaire-
ment quelque chose à l'effet d'ensemble; la
personnalité, par où l'artiste s'affirme; l'originalité, qui est ce que l'homme prend dans
son propre crû pour l'ajouter à la nature.

Le meilleur des porcelainiers, le plus doux
et le plus aimé, c'est M. Jules André. Je vous
défends de regarder ses *Marais, près Saint-
Yrieix,* — une erreur! — mais ses *bords de la
Charente* vous feront plaisir. C'est, à tout
prendre, un fort joli tableau, plein d'air, d'es-

pace et de clarté, avec un ciel très-fin, des arbres très-travaillés, des eaux miroitantes et une perspective d'une transparence extrême. On voudrait que ce tableau fût signé par une femme. Quel dommage, venant d'un homme, qu'il n'ait point une plus virile fermeté!

Et maintenant, voici venir les poëtes : les uns franchement naturistes, comme MM. Busson et Caillou ; d'autres enclins à la brutalité, comme MM. Breton, Barbara et Lansyer ; d'autres tendres, comme madame Nivet-Fontaubert et M. Joannin et M. Chaigneau ; d'autres enfin, comme M. Chabry, très-brutaux par le procédé et très-tendres par le sentiment.

Ils vont tous ensemble leur chemin, chacun d'eux soutenu par une aspiration vivace et féconde. Tous, du reste, ils ont choisi *le soir* pour s'acheminer vers la poésie. M. Busson exprime avec un rare bonheur le charme d'une *Soirée en Touraine,* quand, sur le ciel encore doré, les grands arbres éparpillent leurs rameaux déjà plus sombres, et que les moutons rentrant à l'étable font devant eux, sur le gazon, de longues ombres décolorées. M. Caillou se promène dans le *Chemin des Dunes, à Plouma-nach ;* et sur les rochers de la Bretagne, il met un ciel plein de majesté et de vie, où l'on sent passer la brise marine. M. Breton, lui, préfère les *Soirs d'hiver*, quand le soleil va se coucher tout blême, et que sous la hache du bûcheron tombent les grands arbres dénudés. C'est encore un *soir* que M. Barbara nous montre, celui-là *sur les bords de la Dordogne.* Le couchant se zèbre d'une clarté prête à s'éteindre. Seul, le sommet des arbres et du mât est encore éclairé ; l'ombre envahit le reste et, avec elle, une sorte de mystère. M. Lansyer nous ramène en Bretagne, et, comme les autres, c'est par un beau *Soir* qu'il détache sur l'horizon ses *Pins maritimes.* On dit M. Lansyer très-jeune ; tant mieux pour lui ; avec les grandes qualités qu'il a, je m'étonnerais s'il n'arrivait point, avant longtemps, à occuper une grande et belle place parmi les maîtres du paysage.

Plus délicats, M. Joannin et madame Nivet préfèrent les blanches teintes de l'aube naissante ; Madame Nivet, *Au bord de l'Eau* en Limousin ; M. Joannin, *Au bord de l'Eau*, dans la Dombes.

M. Chaigneau a voulu fêter le printemps, et il a peint tout de rose une clairière où paissent à travers les arbres des vaches ensoleillées. M. Chaigneau est en grand progrès; il avait pour ennemi mortel la mollesse de sa touche; cette fois, en dépit de la gamme générale de son tableau, il y a mis beaucoup plus de fermeté. Signalons aussi la science parfaite avec laquelle il fait succéder les arbres aux arbres, et enfonce son sentier dans le bois.

Enfin, M. Chabry expose quatre tableaux, deux inspirés du Bordelais, et deux qui se souviennent des Flandres. M. Chabry sait combien je lui suis attaché. L'article que je publiai l'année dernière à son sujet, article qui me valut de la part de M. Philippe Burty une si gracieuse lettre, ne saurait laisser de doute sur l'estime que je porte au plus poëte des artistes de mon clocher. Mais qu'il me permette de le lui dire : il faut qu'il apprenne à dessiner; ses vaches ne sont pas de ce monde et ses terrains ne suffisent point à les porter. Chabry, mon cher ami, je t'en supplie, ne nous fais point mentir, nous autres qui nous sommes portés garants de ton succès à venir !

M. Georges Saal est-il un poëte? Oui bien certainement ; mais il a le grand tort de faire des tableaux curieux. Un peintre perd toujours à copier *telle nature*, au lieu de copier la nature. Le *Sulitjelma* de M. Saal est du reste un tableau fort remarquable à plus d'un titre. Est-il exact? C'est ce que mademoiselle Léonie d'Aunet pourrait seule nous dire.

Un mot, en terminant, sur ces faux poëtes que j'ai appelés les décorateurs.

M. Viot, pour s'arrêter tout près de Clairvaux, au *bord de la rivière de la Franée,* n'en a pas moins fait un tableau fort théâtral. M. Chardin et M. Gosselin pèchent par la même préoccupation de décor, qui se remarque également dans les tableaux de M. Déjardin et de M. Fournier. Mais c'est à M. Marionneau que revient, en ce genre, la pomme. Son *Etang de Lacanau* a une teinte et des végétations fantastiques qui en feraient un fond passable pour les *Monstres* de l'Alcazar. Pauvre étang de Lacanau! Lui si pur, si charmant et si rêveur, le voilà arrangé pour les ébats des gnomes et des vampires! Attendez un instant, M. Marionneau va allumer son petit feu du Bengale...

VII.

ANIMALIERS. — MARINIERS. — FLEURISTES.

MM. Capeyron. — Jules Contant. — Veyrassat. — Von Thoren.
T'Schaggeny. — Hanoteau. — d'Haussy. — Robbe. — T'Shar-
ner. — Brissot de Warville. — Dombrowsky. — Jacque. —
Queyroy. — Salmon. — Kiorboë. — Gélibert. — Chirac. —
Claude. — Henry de Viviers. — Walker. — Brown.
Achenbach. — Morel-Fatio. — Chagot. — Joncking. — Ver-
boeckoven. — Barthélemy. — Bourgeois. — Conseil. — Ge-
neste. — Stock. — Faxon.
Caron. — Leclaire. — Morris. — Michaud-Meunier. — Bruyas. —
Lays. — Durangel. — Mme Puyroche-Wagner. — Vollon. —
Robbe.

L'Exposition est terminée depuis trois se-
maines déjà; il est donc grand temps que
cette étude finisse. Les animaliers, les mariniers et les fleuristes vont avoir le sort de
tous ceux qui viennent tard, *tardè venientibus* :
ils n'auront guère que l'os de ma critique...
encore si c'était un os à moëlle !

Mettez en quelque coin d'un paysage une
vache ou un bateau, l'œuvre restera paysage à
raison de l'importance de son sujet principal;
mais si vous abrégez la prairie ou la rive, et si
la vache ou le bateau deviennent le motif do-

minant de la composition, vous passez animalier ou peintre de marine. On voit que tous ces genres se touchent et se peuvent quelquefois confondre.

Les chevaux ont inspiré à MM. Capeyron et Jules Contant, quatre portraits qui ne sont louables que du côté de la sincérité. M. Capeyron a été choisir pour modèles, des chevaux maculés à la manière des truites alpestres ou des chiens Danois. Je n'aime point, je l'avoue, le poëte :

Qui, de tant de héros, va choisir Childebrand ;

ni le peintre

Qui de tant de chevaux, va pourtraicter Wildness.

Les chevaux arabes de M. Contant valent mieux, beaucoup mieux. Mais pourquoi M. Contant s'est-il borné à de simples études, au lieu de parfaire un tableau ?

Assurément l'animalier n'a pas besoin, sous prétexte d'abreuvoir, de donner pour fond à ses chevaux tout un panorama de Paris; M. Veyrassat est tombé dans l'excès de ce côté;

mais il faut pourtant que les animaux se rat-
tachent à quelques motifs de paysage ou de
genre.Les Belges le savent bien. Voyez M. Von
Thoren, qui. pour être né à Vienne, n'en re-
présente pas moins, avec toutes ses qualités
de finesse et de naturisme, l'école belge. *Sa
roue détachée* et ses *pandours hongrois* appartiennent au genre autant qu'à la peinture d'a-
nimaux ; et cependant on connaît les prédilections de M. Von Thoren pour le cheval, ce
petit cheval anguleux et bourru, toujours le
même, mais dont il sauve si bien la monoto-
nie ! Et M. T'Shaggeny ! Ses *chevaux de halage*,
attendant à la porte d'une auberge l'heure où
le maître va les attacher à leur dur labeur, ne
s'encadrent-ils pas dans un petit ensemble dis-
cret et calme qui ajoute son effet à leur épaisse
encolure? Et M. Hanoteau ! *Sa machine à bat-
tre le blé* est toute une scène de la vie rustique; le cheval et les bêtes du poulailler n'en
sont que les acteurs.

Si d'ordinaire les chevaux se prêtent à des
compositions appartenant au genre par leur
esprit ou leurs détails, les bœufs, les vaches
et les moutons se satisfont davantage de l'ap-

pareil champêtre des gras pâturages, des sentiers qui fuient ou des landes arénacées.

Les vaches aristocratiques de M. d'Haussy
étendent, à l'aube matinale, leurs flancs las-
trés sur une herbe glauque, toute humide de
rosée. M. Robbe, qui est belge, mène paître
ses vaches, médiocrement dessinées, dans des
prairies plantureuses. M. T'Scharner, un Belge
aussi, fait descendre sur une pente boueuse
des Ardennes ses bœufs tristes et son charriot
lugubre; tandis que les taureaux latins de
M. Contant galoppent devant un pâtre aux
courtes échasses, dans les dunes de Mimizan.
Enfin, M. Brissot de Warville repose ses moutons spirituels sur quelque rocher pyrénéen,
çà et là recouvert de ce gramen glissant, où
s'accrochent de temps en temps les nuages
appesantis.

Après les moutons, les poules et les dindons. Je conseille à M. Dombrowsky d'étudier la nature et M. Jacque, avant de risquer
une nouvelle *Alerte*. Je conseille aussi à M.
Queyroy de se tenir en garde contre le mal
des dindons. C'est un mal affreux et qui peut

tuer. Témoin ce pauvre M. Salmon qui en est encore bien malade.

De poule à renard la transition est facile. Le *Coup de fusil heureux* de M. Kiorboë a étendu sur la neige le maître voleur, dont la compagne détale à toutes jambes. Autant du reste, vaut pour un renard mourir sous le plomb suédois de M. Kiorboë, que d'être étranglé par les terriers de M. Gélibert. L'essentiel pour la bête matoise, c'est de n'être point célébrée par M. Chirac. Heureusement que M. Chirac s'en tient aux cerfs des bois... lisez de bois.

De tels sujets vous ont-ils mis en fantaisie de chasser? M. Claude vous fera les honneurs du *Chenil.* Déjà, cette nuit, M. Henry de Viviers a mis un limier en campagne et le *rapport* a été favorable. A cheval! M. Walker a réuni, tout exprès pour vous attendre, dans une clairière où les chiens gorgent à plaisir, ses chasseurs en habits rouges. A cheval! M. Brown se porte garant de votre succès. La *Retraite prise* vous ramènera ce soir par un *Temps de chien.* Mais soyez sans crainte. M. Brown a prévu la pluie et il a passé le chemin à l'encaustique ; vous verrez quel plaisir de patiner sur cette route cirée et de contempler votre image dans cet irréprochable vernis.

Les mariniers partagent avec les paysagistes mes prédilections les plus chères. Je m'extasie devant un Gudin secouant ses lourdes chaloupes dans le clapotis lumineux des flots transparents, comme devant un Achenbach éclairant d'un jour orageux ses plages sombres et scintillantes. C'est que la mer a des harmonies égales pour l'œil, pour l'oreille et pour la pensée. Ses horizons s'étendent à l'infini. Ses reflets sont adorables ; ses colères pleines d'écume ; ses caresses, de volupté. Elle a tantôt des chants plaintifs et tantôt des imprécations mugissantes. Elle s'impose enfin à l'homme par sa colossale majesté. Comment n'être point un peu poëte, au spectacle du rivage que le flot baise de son baiser sonore ? Comment ne point se laisser bercer en un recueillement religieux, parmi les solitudes de la plaine mouvante et sans bornes ?

Le vrai peintre de marine, à mon sens, est celui qui se laisse le mieux aller à l'impression profonde que son tableau doit me faire partager. Ne me parlez donc pas de M. Morel-Fatio. Son vaisseau *l'Inflexible* s'éloigne de l'art *vent arrière;* c'est un portrait bon à orner la chambre du commandant ou le salon du constructeur. Rien de plus. Ne me parlez pas davantage de M. Chagot. La rade de Rio-Janeiro prépare une bonne planche pour l'illustration. MM. Jonckind et Verboeckoven font mieux mon affaire.

M. Jonckind est un artiste de race et que j'aime. Il a de l'esprit et du sentiment. Il ne s'embarrasse point de son sujet, et le premier motif lui suffit. Un canot à moitié couché sur la plage, un bateau dans la brume, à l'ancre; quelques vieilles maisons penchant leurs pignons gothiques sur un canal encombré de barques hollandaises, n'importe quoi le satisfait. Il peint, et sa manière vive et franche signe de suite le tableau. Si sa touche n'a pas l'éclat de celle d'Isabey, elle en a presque l'animation et la vie. Comme de son maître, enfin, on a pu dire de lui « qu'il n'avait rien de bête » — éloge plus flatteur qu'on ne croit.

M. Verboeckoven est un talent moins séduisant, mais un peintre fort habile aussi et fort louable. Son *entrée de la Tamise* a toutes les qualités qui font la bonne peinture. Le jour où M. Verboeckoven aura autant d'esprit qu'il a de conscience, nous compterons un maître de plus.

Pourquoi, quand on parle Marines, est-on toujours tenu de faire le voyage de la Manche ? Pourquoi la mer classique de tous les mariniers ne s'étend-elle, sur la carte de l'art, que du Zuyderzée au Finistère ? Honfleur, Harfleur, Calais, Trouville, ont-ils donc des grèves plus poétiques et des flots plus bleus que notre belle côte océanienne ? Pourtant MM. Barthélemy, Bourgeois, Conseil, Boudin, d'autres encore, s'entêtent aux plages du Nord et à leurs vagues courtes et tapageuses. M. Geneste, lui-même, — un Bordelais ! — peint une *Côte de Normandie à marée basse*, et je ne sais quelle *Falaise* bretonne ; c'est à peine s'il daigne couvrir un bout de toile par un *Grain à l'entrée de la Gironde*. Enfin, M. Stock,

renégat ausssi de sa patrie, emprunte son sujet
aux *Environs de Finale,* sans doute pour avoir
le droit d'opposer aux vagues déchaînées la
muraille prétentieuse d'un rocher de fantaisie.

Ah! quand viendra le hardi marinier qui
découvrira notre mer gasconne, comme jadis
Diaz découvrit le cap des Tourmentes? Celui-
là est sûr d'avance de l'immortalité. Remar-
quez-le bien, il n'est pas un étranger qui ne
s'émerveille à l'aspect de notre Talmont, et
de Soulac, et de Cordouan! Il n'en est pas un
qui ne s'arrête à contempler avec ravissement
notre grand fleuve, mêlant ses ondes jaunes
aux flots diaprés du montant. Quand Théophile Gauthier se rend en Espagne, il parle
avec émotion de notre port encombré de vais-
seaux qu'il compare à « une multitude de
cathédrales à la dérive. » H. Taine va-t-il aux
Pyrénées? Il s'éprend d'une admiration dithy-
rambique pour notre Gironde, il chante nos
bateaux « se penchant sous la brise comme
des oiseaux paresseux, levant leur aile blanche et montrant leur ventre noir. » Il décrit
au matin « les premières teintes du jour at-

tendries par la brume qui transpire hors du
fleuve profond. » — « Le soleil qui monte,
dit-il, verse sur sa poitrine un long ruisseau
d'or. La brise le hérisse d'écailles; ses remous
s'allongent et tressaillent comme un serpent
qui s'éveille, et quand la vague le soulève,
on croit voir les flancs rayés, la cuirasse
fauve d'un Léviathan. » Enfin, au retour de
sa visite à notre Exposition, M. Philippe Burty
s'étonne que Bordeaux n'ait point vu naître
un plus grand nombre d'artistes originaux,
alors que notre œil, dès l'enfance, se repose
sur les beautés natives qui nous entourent.

Sachons gré à M. Faxon d'avoir compris,
seul, que l'amour du pays natal porte bonheur. Son *navire, voiles au sec,* est une toile
charmante que j'aurais été heureux de voir
entrer au musée. Sa *barque* est bien mouve-
mentée, et d'une bonne et solide couleur. Que
M. Faxon travaille. Il sait déjà rendre à mer-
veille l'éclat de l'eau, étendant sa nappe
brillante sous un ciel aérien; il fait fuir
comme il convient un horizon vaporeux; il
dessine un navire en savant et le peint en artiste. Qu'il étudie le flot courroucé et la va-

gue qui déferle. Je souhaite à M. Faxon d'a-
voir longtemps médité la marine de M. Gudin.
Je lui souhaite plus encore de méditer toujours la nature; il comprendra que c'est mal
traduire la puissance limpide du flot que de
l'égratigner sur la toile, et qu'une vague ne
saurait en aucun cas, fût-elle éparpillée par
le vent, ressembler à un buisson hivernal.
M. Faxon est dans le chemin qui mène à la
renommée. Il faut que l'année prochaine il
voie son succès consacré par l'honneur d'ac-
crocher un de ses tableaux aux murs, si riches
déjà, de notre galerie municipale.

Un mot sur la peinture de fleurs, et puis
j'en aurai fini avec mon métier de Salonier
improvisé. Il me resterait bien encore à parler des aquarelles, des dessins, des gravures
et de la sculpture, mais je veux me réserver
tous ces sujets pour l'exposition prochaine.
Ne valent-ils point la peine d'être traités plus
longuement que je ne pourrais le faire aujour-
d'hui?

M. Caron peint sèchement et servilement les *roses* et les *primeurs*. Ses petits tableaux sont des études fort banales d'effet, quoique sincères. Il en est à l'a, b, c, de son métier.

Avec MM. Leclaire et Morris, nous montons de plusieurs crans. M. Leclaire cueille un bouquet de fleurs des bois, triste, sans air et sans lumière, mais qui du moins est peint avec adresse et solidité. M. Morris accroche à une vieille fontaine de Rouen des capucines éperonnées, et son tableau réjouit le regard.

Autrement procèdent les Lyonnais. Je ne parlerai pas de M. Michaud Meunier, qui n'a pas su me prendre. Mais M. Bruyas expose sur la margelle d'un puits tout un motif de fleurs variées, d'un coloris lumineux et frais et agencé dans un grand sentiment du décor. C'est, si l'on veut, de la peinture industrielle, mais c'est encore de la peinture et même de la plus aimable. Porté sur une tenture de soie, le panneau de M. Bruyas sera superbe. Et M. Lays ! Combien ses fleurs sont rendues d'une manière grasse et charmante. Voilà bien à mon sens, le meilleur tableau de fleurs du Salon.

Avec M. Durangel, nous quittons la préoccupation manufacturière pour passer à la décoration pure. Louons Dieu, comme le fabuliste, de n'avoir point fait pousser sur les chênes les citrouilles de M. Durangel; si le peintre eut été dessous et qu'elles fussent tombées, M. Durangel serait un homme mort.

Madame Puyroche-Wagner s'en tient aux *cactus* et aux *œillets*.

Aimez vous les cactus, elle en a mis partout.

Il y a du reste de sérieuses qualités dans ses tableaux, moins pourtant que dans les *pommes et prunes* de M. Vollon; moins surtout que dans les *roses* de M. Robbe. M. Robbe descend des jésuites d'Anvers... par les fleurs. C'est une parenté avouable... en peinture.

Arrêtons nous ici!

Comme Faure chantait si bien dans le *Châlet.* Je garderai le plaisir d'avoir terminé par un éloge.

Qui donc a dit que la critique était aisée? Depuis deux mille lignes et plus je m'aperçois du contraire. Vous me rendrez du moins

cette justice que ma critique n'a point été « can-
nibale », comme M. About est forcé d'appeler
la sienne.

Je ne suis pas un enfant terrible, et, pour
un bon mot, je ne mange pas, comme M. About,
mon meilleur ami à la croque-au-sel.